自衛隊
最前線の現場に学ぶ
最強のリーダーシップ

普通の若者を劇的に成長させる組織術

元陸将・陸上自衛隊東北方面総監
元陸上自衛隊幹部候補生学校長
松村五郎 著

WAVE出版

はじめに

世の中に、リーダーシップやリーダー論の本はたくさんあります。偉人と呼ばれる立派な方が書いた本が、多くの人々に読まれ、参考にされています。そのようななかで、あえて自衛隊出身の私がリーダーに関する本を書こうというのはなぜなのか。本論に入る前に、読者の皆さんに、それを知っていただきたいと思います。

結論から言うと、リーダー像が混迷している今の日本で、まさにその縮図である自衛隊でリーダーを育ててきた私の経験を、お伝えすることに意味があると感じたからです。

昔のように怒鳴って威圧するリーダーが、現代日本で通用しないのはもとより、その代わりとして一時期もてはやされた「上司にしたい人ナンバー1」的なお友達リーダーも、現実社会で力にならないということに気づき、今多くの人々が、本当のリーダー像を模索していると感じます。

IT技術の普及、都市への人口集中、高年齢化などの社会変化を受けて、人と人とのつながりが希薄になっていくなか、一人一人の人間の働き方や生き方という点で、今の日本は大きな曲がり角にあり、この先日本人が豊かで充実した人生を送っていくことができるようになるには、それぞれの職場にどのようなリーダーがあらわれてくるかが大きな鍵になるでしょう。

私は、陸上自衛隊という一つの組織の中で三五年間生きてきました。皆さんご存じのように、自衛隊というのは隊員が命をかけて任務を遂行する組織です。すべての隊員は「事に臨んでは危険を顧みず、身を以て責務の完遂に務め、持って国民の負託にこたえることを誓います」という「服務の宣誓」を行って入隊し、その言葉通り、与えられた任務を全うできるように、日々厳しい訓練に励んでいるのです。

しかし、そうは言っても、自衛隊に入ってくるのは、今の日本の普通の高校生や大学生です。現代日本で起きている問題は、すべて自衛隊の中でも起こりえます。うつ病、自殺などのメンタルヘルス上の問題、パワハラ、セクハラなどの組織管理上の問題、飲酒運転や覚せい剤使用などの非行等々、まさに現代日本社会の縮図です。

言い換えれば、かつてに比べ人間関係が希薄になり、一人一人が仕事に追われるなかで孤立感を深め、自分の人生に充実感を感じることができないという、現代人一般の疎外感は、自衛隊の隊員をも蝕んでいるのです。このように一人一人が脆弱なままでは、いざという時に国防の任をきちんと果たすことのできる強靭な組織を維持していくことはできません。

それでは、これを克服して、命をかけるほどの厳しい任務をきちんとこなせる粘り強さを持った組織を築いていくには、どうしたらよいのか。自衛隊は、その答えを、隊員を率いていくリーダーの能力向上に求めてきました。特に、現代っ子の隊員を抱え、装備もハイテク化して個々の隊員の高い能力が求められる現在、一人一人の隊員が生き生きと個人の充実を感じつつ、それぞれの力を出し合って組織として粘り強く任務を遂行していけるように、うまく導いていけるリーダーを生み出さなくてはなりません。

私は、陸上自衛隊のリーダー養成機関である幹部候補生学校の学校長として、また陸上自衛隊一五万人の人材育成に責任を持つ陸上幕僚監部人事部長として、そして実際に部隊を率いる師団長及び方面総監として、一貫してこの問題に取り組んできました。そのなかで得た現代のリーダー育成のエッセンスを、本書でご紹介したいと思います。なお、そのような私の経歴上、本書で「自衛隊」と記している部分は、主として「陸上自衛隊」を指していますので、ご了解ください。

本書は、三部構成になっており、最初の二部は、それぞれリーダーに必要な二大要素である「人間力」と「知力」に対応しています。リーダーには人を惹きつけて引っ張っていく、人間としての力が必要なことは言うまでもありませんが、適時に適切な判断を下せる見識も重要です。誤った判断ばかりしているリーダーでは、組織の目的も達成できず、誰もついては来ないでしょう。

陸上自衛隊では、前者を「統御」、後者を「指揮」と区分して、両方の能力を併せ持って初めて「統率」すなわちリーダーシップが発揮できると考えます。ある程度の素養がある人材であれば、この両者を意識して効果的に伸ばしていくことで、組織や社会に貢献できるリーダーに育てていくことができるというわけです。

基本的に、この二つの能力が備われば、リーダー育成には成功なわけですが、最後に第3部を付け加えたのは、これからの日本社会におけるリーダーには、今までのリーダーにはなかった新しい視野も必要だと痛感するからです。

これは自衛隊であれ、他の社会分野であれ、同じだと思うのですが、今の日本は大きな転換期にあります。そのなかで、未来を見据えて真に力を発揮していけるリーダー像とは何か。その疑問に答えるためのヒントとして、この第3部を読んでいただければと思います。

自衛隊　最前線の現場に学ぶ最強のリーダーシップ◉もくじ

装丁●遠藤陽一
（デザインワークショップジン）
校正●鷗来堂
本文DTP●NOAH

第1部

「人間力」を上げる

第1章 「即、実行」で信頼を勝ち取れ！

❖イラクにて

シュポンッ、という発射音のような音が聞こえたと思うと、シュルシュルシュルと何かが頭上を飛び越えていくような音が、それに続きます。「ロケット弾だ」と咄嗟《とっさ》に思った私は、次に起きるであろう爆発音と衝撃波に身構え、姿勢を低くしました。

荷物用のコンテナを改造した質素な居室。頭上には裸の蛍光管が吊り下げられ、青白い光を放っています。二〇〇四年一〇月三一日、イラク南部サマーワ。日本から派遣された陸上自衛隊イラク復興支援群の第三次群長として、現地で約六〇〇人の隊員の指揮をとっていた私は、食堂での夕食を終え、居室でくつろいでいたところでした。

しばらくの静寂。予期された爆発音は聞こえません。私はTシャツの上に防弾チョッキを着こむと、居室のドアを閉じるのももどかしく、すぐに指揮所に走りました。後でわかったことですが、ロケット弾は不発で、自衛隊の宿営地内の地面で跳ね返った跡が見つかりました。その時の弾と思われる不発弾が、数日後宿営地外で発見されましたが、もしも不発でなかったら、仲間に死傷者が出ていたかもしれないと、今、思い返しても鳥肌が立つ思いです。

私たちがイラクに入ったのは、その年の八月。暑い盛りで、日中の最高気温は五〇度を超え、額に噴き出る汗はすぐに乾燥しきった風に当たって塩に変わり、顔を触るとジャリジャリした感触が指に伝わります。サマーワという街で、公共施設の復旧、医療、給水などの民生支援を行うという任務を付与された私たちは、その酷暑の中で活動を開始したのでした。

組織というのは、生き物です。この時ほど痛切にこのことを感じたことはありません。いつ攻撃を受けるかと緊張を解くこともできず、厳しい暑さの中、二四時間同じメンバーが狭い宿営地で顔を突き合わせていただけに、特に強くこのことを感じたのだと思います。

現地にいたのは約四か月でしたが、この間、任務遂行のため部隊を編成して外に出る以外、安全のため個人的に宿営地の外に出ることは禁止されていました。普通なら、仕事で嫌なことがあっても、家に帰って家族の顔を見たり、友達と会って酒を飲んだりすれば、気分転換ができるでしょう。ところが、イラクはイスラム教の国ですから、飲酒は宗教で禁じられています。私たちも、現地の人々の信頼を得るために、自主的に禁酒していました。家族との団らんも、酒を飲んでの憂さ晴らしもなく、派遣部隊という単一の組織のなかで二四時間過ごす生活が続く、組織というものの本質、そしてそれを率いるリーダーに必要なものは何なのかを垣間見ることができたように思うのです。

組織が生き物だというのは、どういうことなのか。まず、そのエピソードから始めたいと思います。

現地では、毎朝、六〇〇人全員が集まっての朝礼を行っており、私は指揮官として朝礼台に立ち、皆の顔を見回しながら、毎日一つ話をしました。すると、毎日空気が違うのです。ある朝は、皆が目を輝かせ、やる気に満ちあふれているのが伝わってきます。と思えば、一週間後には、徐々にそのような精気がなくなっていって、皆がどんよりした目に疲労感を漂わせるようになる時もあります。個人に体調の波があるように、組織にも気分の波があるのだと、日々実感したものです。

宿営地の中には、コンピュータの端末が数人に一台程度あり、宿営地内だけで書き込みや閲覧ができる電子掲示板が設けられていました。皆、そこに家族自慢や趣味の話など、好きなことを書き込んで憂さ晴らしをしていたのですが、現地入りして一か月くらいの、緊張と酷暑からくる疲労がピークに達した頃、その掲示板に次のような書き込みがあったのです。

「もうやっていられない！　毎日防弾チョッキを着こんで大汗をかき、体中が塩でジャリジャリになって仕事から帰ってくるのに、風呂に入れば湯はくるぶしまでしかなく、ゆっくりお湯にもつかれないなんて。日本の代表だなんておだてられてここまで来たけれど、もういい。

早く日本に帰りたい！」

現地の川の水には塩分が含まれており、生活用水は浄化して作る必要があったのですが、イラクの人々への給水支援も任務のうちだったことから、自分たちが使う水は極力節水していたのです。この書き込みの後、掲示板にはありとあらゆる不平不満が次々と書き込まれ、部隊の雰囲気は最悪になっていきました。指揮官の私は、これは一体どういうことになってしまうのか、何とかしなくてはと焦りました。

ところが数日後、掲示板にこのような書き込みがあらわれたのです。

「昨日、お風呂にお湯がいっぱい入っていたのに気がつきましたか。給水隊のメンバーが、この前、書き込まれた不満はもっともだと、自分たちの睡眠時間を削って夜中も浄水を続け、お風呂をお湯で満たしてくれたのです。ここにいる六〇〇人、外に助けてくれる人はいません。愚痴を言うのではなく、自分たちで助け合って、日本の代表としてしっかり頑張りましょう！」

そして、この書き込みの後には、「そうだ、頑張ろう！」「このために厳しい訓練をしてきたんだ。今やらないでどうする！」などと次々とポジティブな書き込みが相次ぎ、一夜にして部隊の雰囲気は一変、次の朝の朝礼では、また久しぶりに目が輝いていたのでした。

その時、私は心の底から改めて思ったのです。組織というのは生きているんだ。個人と同じように、病気になったり、気が重くなったり、そうかと思えばちょっとしたことで明るくなったりするんだ。そして人間の身体と同じように、病気になった時には、それを自ら治す力を持っているんだと。だとすれば、リーダーの役割は、自分の思うままに組織を引っ張っていくことではなくて、そのきっかけを作って方向付けすることにあるのではないだろうか。

それまでも、陸上自衛隊の小隊長や中隊長という指揮官を経験するなかで、リーダーシップとは何かという問題に悩み続けてきた私ですが、このイラクにおける実体験を経て、良いリーダーになるためには、そして良いリーダーを育てるためには、何が本質的に重要なのかを真剣に考えるようになりました。

❖リーダーの「知力」と「人間力」

自衛隊においては、指揮官のリーダーシップを、「統率」という言葉で表現します。そして「統率」は、「指揮」と「統御」という二つの要素からなっていると教えています。「指揮」とは、与えられた任務を基準に、その時の状況に応じた最適の判断を下し、それを部隊に確実に実行させることを言います。この力を身につけるためには、どんな時にも冷静に論理的な判断を下し、それを実行に移せるよう、知的なトレーニングを積み、そのノウハウを習得する必要があります。これは、リーダーに必要な「知力」と表現できるでしょう。

これに対し「統御」とは、リーダーとして部下を感化することにより、組織として士気高く、一致団結して任務達成に邁進できるようにすることを言います。これはリーダーが、日頃からの立ち居振る舞いや言葉などを通じて、人間として影響を与えるということなので、ノウハウを学ぶというよりも、人間性そのものを磨いていかなくては、身につけることはできません。これは「知力」に対して、リーダーの「人間力」と言えるでしょう。

このように、リーダーには、「リーダーの知力」と「リーダーの人間力」の両方が必要とされるという考え方は、何も自衛隊に限ったことではなく、社会一般に共通して適用可能な考え方だと思います。

しかし自衛隊は、自らの命がかかった厳しい状況のもとでも間違いなく任務を遂行しなくてはならないという組織の特性上、このような両面の力を持つリーダーを育成することに、組織一丸となって、力を注いできました。

その結果、そのための教育法について、多くの経験が蓄積されています。特に、「リーダーの知力」については、ある程度の素養がある者であれば、定められた手順を踏むことにより、いつでもより正しい判断ができるような思考法が編み出され、指揮官育成に成果を上げてきました。

一方で、「リーダーの人間力」については、先輩方のさまざまな経験の積み重ねから、具体的な事例集や抽象的なイメージは蓄積されているものの、具体的にこうすれば身につくという教育法が確立されているわけではありません。イラクから帰ってきた私が、良いリーダーとして何が本質的に大事なのかと模索していたのは、まさにこの点でした。

イラク派遣経験後、それを考え続けて四年、私は陸上自衛隊幹部候補生学校の学校長に就任しました。この学校は、陸上自衛隊の小隊長以上の指揮官になるには、必ず修了しなくてはならないという、リーダー育成の専門機関です。その地で私は、学校スタッフの教官らと議論を積み重ね、教育を実践していくなかで、「リーダーの人間力」とは何か、どうすればそれを身につけることができるのかについて、徐々に考えをまとめていくことができました。

本書では、この経験をもとに、まず「リーダーの人間力」を身につける方法について述べ、次いで「リーダーの知力」を生み出す思考法に話を進めていきたいと思います。ただし、以上に述べてきたような経緯から、特に前者については、陸上自衛隊で広く認められている定説というよりは、一指揮官としての、私の見解が多くなる点はご容赦いただきたいと思います。

❖リーダーにとって一番大事なもの

まず、リーダーにとって一番大事なものは何か、という点から話を始めましょう。人によっていろいろ考えがあると思いますが、私はそれは「信頼」である、と自信を持って言い切りたいと思います。

リーダーが、そのチームのメンバーから信頼されなくてはならないことはもちろんですが、横並びの他のリーダーやその上にいる上司たち、組織外のカウンターパート等々、関係するすべての人々から信頼されることこそ、リーダーがリーダーとしてその役割を果たすために、一番大事なものだと思うのです。

自衛隊や軍隊というのは、そのメンバーが命をかけて任務を遂行する組織です。そのような組織にとって一番大事なもの、それもやはり「信頼」です。私が米陸軍の部隊指揮官を養成する学校に留学していた時、ベトナム戦争を経験した米陸軍の退役大将の講演があり、そこで彼は、以下のような話をしました。


ベトナムにおいては、従軍した米軍将兵の一割以上が死傷した。第一線における戦闘は熾烈を極め、どこからともなく湧き出てくるような敵ゲリラ兵を前に、戦場における兵士たちの恐怖も並大抵ではなかった。しかし、逃げ出すような者は、誰一人いなかったのだ。

当時の陸軍司令部は、そのように恐怖に打ち勝って任務を遂行した将兵の気持ちの、最後の拠り所は何であったのか、それを解明するために、帰還兵たちにアンケートをとった。

「義務感」「愛国心」「家族を思う生還への強い意志」「勇気あるものとしての誇り」、人それぞれ、さまざまな答えが出ることが予想されたが、予想に反して、ただ一つの答えが他を圧倒した。

それは「リーダーや仲間との信頼関係」である。「皆が互いを信じて戦っている、自分もそれに応えたい」という気持ちが、ギリギリの限界状態で任務に邁進する原動力となったのだ。軍にとって、そして軍のリーダーにとって、一番大事なものは、「信頼」である。


私は、この話に大きな感銘を受け、帰国して陸上自衛隊の部隊指揮官として勤務する際に、常にこのことを意識していました。幸いなことに、生死をかけた実戦こそありませんでしたが、厳しい訓練をすればするほど、この「信頼」の重要さというものが、私の心の中に響いてきたのです。

リーダーとして、マイナス二〇度を下回る雪原での何昼夜にもわたる厳しい訓練を隊員に課さなくてはならないような時、相互に「信頼」がなくては、その訓練を乗り切ってチームとしてのスキルを上げるということは不可能です。私は、それまでもこのことを肌で感じていましたが、それを深く再認識したのです。

一般の会社においても、リーダーがその率いるチームに、本当に厳しい要求をしなくてはならない時、リーダーとチーム員の間、そしてチーム員相互間に信頼関係がなくては、それを乗り切って、良い仕事をしていくことはできないでしょう。「信頼」なしに負荷だけかけたのでは、メンバーの個々人が壊れてしまうだけです。

❖信頼を勝ち取るには？

さて、そこで当然湧き起こってくる次の疑問は、「信頼を勝ち取るには、どうすればよいのか？」という大問題です。「信頼を失う瞬間」というのは、容易にイメージできます。相手が信じてくれた気持ちを裏切って、不誠実で、いい加減な対応をした場合、信頼はいとも簡単に失われるでしょう。

それでは逆に、「信頼が生まれる瞬間」とはどういう時なのか。これは非常に難しい問題です。不誠実の反対ですから、誠実であればよいわけですが、それでは誠実であるために、何をしたらよいのか。端的に、これという正解はないようにも思えます。あるいは、人それぞれ、自分としての「誠実」のスタイルがあるかもしれません。

しかし、私はあえて、自らが指揮官やそれを補佐する立場で勤務をする過程で得た経験から、「信頼」を勝ち取るために、ある一つのことが大事だと言いたいのです。それは、**「即、実行！」**＝「すぐにやれ！」ということです。

私が三〇代前半の頃、若手にいろいろと仕事を割り振り、結果に満足がいかないと、以後その後輩をまったく無視するという厳しい先輩がいました。と言っても、その先輩は仕事ができる実力者で通っており、無視されるようになった後輩は、他の人からも、仕事ができない奴と見られることになってしまいます。私も時々仕事を言いつけられたのですが、実力も伴わない身で、いつも期待に応える仕事ができるわけではありません。そこで、他の同僚たちがその先輩に報告している姿を見て、どのような人が評価されて信頼され、誰が信頼されないかを観察したのです。

その結果、わかったことは、結果が百点満点でなくても、言われたことにすぐに反応する者は信頼されるが、いつまでたっても何の反応もない者は、頼りにされなくなっていくということでした。

つまり「仕事ができる」ということは、何でも完璧にこなすということではないわけです。今、自分にできることは直ちにやった上で、できない部分は、「ここがわからず残っているのですが、他はできました」と、素早く反応することこそが大事だというわけです。

その先輩だけがそうだったのかと、私は、その後も勤務する先々で観察を続けました。「すぐにやる」ことこそ「信頼」獲得の秘訣という私の仮説がどの程度当たっているのか、ずっとその問題意識を持ち続けてきた結果、これが仮説から確信に変わって来たのです。

非常に卑近な例になりますが、家族に信頼されるお父さんとは、どんな人物かということを考えると、わかりやすいと思います。妻に、「電球が切れたから取り替えて」と言われて、すぐに「はいよ！」と動く夫は、頼りになると信頼されますが、「ちょっとパチンコに行ってくるから」「今はテレビを見てるんだから」と先延ばしにする夫は、「まったくうちの亭主は頼りにならない」ということになります。「今度、動物園に連れて行ってやるぞ」と言って、すぐに次の週末に家族で出かけるお父さんは、「やっぱりうちのパパ大好き！」となりますが、「あっ、今週はゴルフだった。そのうちな」とあてにならないお父さんは、子供の信頼を失います。

友達関係でも、「あっ、この歌手が好きなんだったら、今度ニューアルバムのCD貸してやるよ」と言って、次の日にすぐ持ってきてくれる友達は信頼されますが、そう言っておいて、いつまでたってもなしのつぶてでは、あてにならない奴だなぁ、と、その後はそういう目で見られることになってしまいます。

すぐに反応するということは、「その相手のことを大切に考えていますよ」というメッセージなのです。すぐに反応があれば、「ああ私の言ったことを覚えていてくれたんだな」と誠意を感じますが、反応がなければ、「どうせ自分のことなんかどうでもいいと思ってるんだろう」と、不信感が募るものです。

そのようなわけで、信頼を得るためには、「即、実行！」というのが、私の信念になりました。以後、自衛官七〇〇〇人を率いた師団長の時も、二万人を率いた方面総監の時も、私は一人一人の隊員に「即、実行！」で「信頼を勝ち取れ！」、と言い続けてきたのです。

❖リーダーにこそ大事な「即、実行！」

このように、一人の人間として信頼されるためにも、すぐやることは大事ですが、リーダーにとってこそ、この「即、実行！」の精神は、非常に重要なものです。

上司に何かを命じられた部下が、すぐにやることで上司の信頼を得るというのは、普通によくわかる話だと思います。しかし私は、むしろチームのメンバーに言われたことを、すぐにやるリーダーこそ、チームにとって大事だと思っています。

メンバーから何か提案があった時、「おっ、それはいいアイデアだな」と口では言っておきながら、それだけで終わってしまうリーダーと、翌日にすぐ「〇〇君から提案のあったこのアイデアを、来週からみんなで実行してみようと思う」と、取り上げて実行するリーダーでは、大きく違います。先にも述べたように、すぐに提案を取り上げてもらったそのメンバーは、「ああ、リーダーは自分が言ったことをちゃんと受け止めていてくれたんだ」と感じて、リーダーを強く信頼するようになるのです。

また、チームの中で皆がお互いに「即、実行！」を実践することにより、チーム内の相互の信頼が強まっていきますから、リーダーは常にそれを率先垂範して、チーム内にそのような気風を作っていくことも大切です。

メンバーが互いに「即、実行！」を心がけるようになると、チームの中にきびきびとしたリズムが生まれてきます。そして息があった互いの信頼関係のなかで、気持ちよく仕事ができるようになるのです。

今までに、短期間であっても、このような心地よい好循環が生まれている感覚を、職場でいだいたことがある方は多いのではないでしょうか。そのような良い雰囲気を意図的に作り出していくためには、皆で「即、実行！」を実践していくように、リーダー自らが導いていくことが、有効なのです。

さらに、リーダーとしては、率いているチーム自体が、対外的に「即、実行！」で対応するということを習慣付け、外部からチームに対する信頼を勝ち取っていくことも忘れてはなりません。外からの信頼を高めることは、まさにリーダーとしての役割ですし、そのような信頼を得ることで、チーム全体にも自信が生まれ、ますます良い仕事ができるようになるというわけです。

自衛隊の場合も、例えば災害派遣に出動した際、被災地の町役場から、「これをやってください」と要請を受けて、直ちに取りかかれば信頼を得ることができますが、何か事情があったとしても、時間がかかれば外部からの不信感が増していくことになります。その場合には、こういう理由ですぐには取りかかれないのです、とすぐに反応を返すことが大事です。

できることにはすぐに対応し、できない場合にも、なぜできないのか、いつできるのかについて、直ちに反応を返す。これは、どのような職種の仕事にしろ、相手から信頼を得るために大事なことだということは、わかっていただけるでしょう。

あなたもリーダーとして、自分自身も、メンバー相互間においても、チーム全体としても、常に「即、実行！」を実践するよう心がけることで、信頼を勝ち取ってください。これこそが、「最強リーダー」の第一歩なのです。

第2章　一人一人を輝かせよ！

❖リーダーの「想い」

リーダーとは、そもそも何でしょうか？　辞書を引くまでもなく、ある一定のグループ、すなわち組織を率いていく者のことです。それではリーダーの役割とは何でしょうか？　組織を率いる以上、その組織の目的を実現することこそが、リーダーの役割であるはずです。したがって、その目的実現に向けて、何らかの「想い」を持っていることが、リーダーであることの必要条件だと言えます。

リーダーが自分でグループを作る場合や、グループの中でリーダーを互選で選ぶような時には、このことはわかりやすいでしょう。リーダーの候補者は、自分はこのグループをこうしていきたいと皆に表明するかもしれませんし、そうでない場合でも、他のメンバーは、日頃の言動から見て、あの人ならグループをこういう方向に導いていってくれるに違いないと期待して、その人を選ぶわけです。表明したことを実現しようとする心や、期待に応えようとする心が、すなわち「想い」です。

ところが、大きな組織によって、その一部分であるグループのリーダーに任命された場合は、必ずしもそうとは限りません。予め「想い」があってその地位についたのならいいのですが、その心の準備がないままにリーダーとなってしまうこともあるでしょう。それでも、リーダーである以上は、グループを引っ張っていくための「想い」は不可欠なのです。極論すれば、そのためにこそ組織はリーダーを必要とすると言っても過言ではありません。

それでは、そのような「想い」が不明確なまま、リーダーになってしまった場合には、どうしたらよいのでしょう。最初にも述べたように、組織の目的を実現することこそが、リーダーの最大の役割です。したがって、自分が率いるグループが目的を達成するために、自分は何をすべきか、それを考え抜くことがその糸口となるでしょう。すでに自分なりの「想い」を持っている場合にも、それが真にグループの目的達成に寄与することになるのかをチェックし続けることが、リーダーとして大切なことなのです。

これは、そのグループが大きな組織の一部である場合に、単にその歯車になって使命を果たせということではありません。自分が率いるグループの目的は、より大きな組織の目的の一部であると同時に、グループの構成員皆がそれぞれめざす目的にも、ならなくてはならないからです。リーダーは、そのようなことをすべて考えた上で、自分なりの「想い」を持って、グループを率いていくことが期待されます。

自衛隊の場合で言えば、いざという時にわが国の国土と国民を守ることが、組織全体の大目的であり、平素にあっては、これに備えて、「戦って勝てる」強い部隊を育成し訓練することが目的です。したがって、その部分であるそれぞれの部隊の指揮官、すなわちリーダーは、自分が任された部隊の能力を高めることを念頭に、それぞれ自分なりの「想い」を持って、部隊を育成していくことになります。

強い部隊を作るという目的は同じであっても、それを実現するための「想い」は、それぞれのリーダーの個性によって違うものです。隊員一人一人が死生観を確立することが最も大事だと言う人もいれば、チームの和こそが組織の力を最大限に引き出すと言うリーダーもいます。

私自身が自衛隊の部隊勤務を重ねるなかで、最終的に持つに至ったリーダーとしての「想い」は、前章でもお話しした通り、『信頼』こそ最も重要」という信念でした。次に本章では、いかなるリーダーであれ「想い」を持ち、それをメンバーに示し続けて、メンバー一人一人を輝かせることが大事なのだという話をしたいと思います。

❖「真心支援」のスローガン

前章でも触れたように、組織というものは人によって構成されているがゆえに、それ自体が全体として生き物のような面があります。ある時には、皆が充実感に満ち溢れ「やる気満々」だと思えば、数日後、いや極端な場合には数時間後には、全体が重苦しい空気に包まれ、消極的な守りのモードに入ってしまうこともあるのです。

リーダーの役割の大きな一つは、これをうまくコントロールしていくことです。調子がいい時にはそれを持続するとともに、調子に乗り過ぎてミスをしないように多少ブレーキをかけることも必要です。逆に沈滞ムードの時には、少しでも明るい雰囲気を生み出して、一人一人のやる気を引き出し、徐々にムードを盛り上げていくことが必要になるのです。

この時重要になるのが、リーダーの「想い」です。リーダーが日頃何を考えているかは、知らず知らずのうちにメンバーの心の中に染み込んでいます。特にムードが落ち込んだ時、日頃から染み込んだこの「想い」に火をつけることで、グループ全体のやる気が徐々に回復していく起爆剤となるのです。リーダーにこのような「想い」がない場合、沈滞ムードに落ち込んだ組織は、核となるものを失ってバラバラに分解してしまう危険さえあるのです。

ここで再び、イラク人道復興支援活動の指揮官としての体験を例に説明しましょう。

イラク派遣の指揮官を命じられた私には、ある一つの懸念がありました。この活動については、アメリカが行ったイラク戦争をどう評価するかとも関連して、わが国による活動の可否についても、国内を二分する激しい政治的な議論が行われていました。そのようななかで派遣任務を命ぜられた隊員が、厳しい任務を成し遂げる意欲をしっかり保ち続けるために、リーダーとして何をすればよいのか。それが私にとって大きな課題だったのです。

その時に思ったのが、まずはリーダーとして、自分自身の「想い」の核となる方針を確立する必要があるということでした。リーダーの核がふらついていては、隊員は確信を持って任務に邁進することはできません。私は、政治的議論がどうあれ、任務を付与された者として、「我々の任務は、イラクの人々のために役に立つ人道復興支援を誠意を持って行うことに尽きる」という信念を堅持し、ここからぶれないことを自らの核とすることに決めました。

次は、このリーダーとしての核を、グループの構成員である六〇〇人の隊員一人一人の心に、しっかりと届けなくてはなりません。このため私は、派遣部隊の合い言葉とも言えるスローガンを作りました。それは、「油断せず、助け合って、真心支援」というキャッチフレーズです。

テロ攻撃の危険がある地での活動ですから、まずは「油断せず」安全を確保しなくては活動が成り立ちません。また日本から一万キロ離れた砂漠の中で活動する以上、この六〇〇人が互いに「助け合う」以外、誰も助けてはくれません。そして最も大事なのが、我々の任務はイラクの人々に「真心を持って支援する」ことに尽きるという点を、全員の「想い」として、しっかりと心に刻むことでした。

現地入りしてからも、毎日の朝礼で、「油断せず活動しよう！」「互いに助け合おう！」「真心を持って支援しよう！」と全員で唱和することを欠かさず、すべてのメンバーが、自分の行っている活動の意義を常に意識するようにしたのです。

❖「生き生き」が「強さ」を生む

自衛隊というのは「強さ」あっての組織です。強くない自衛隊には、意味がありません。したがって自衛隊の各部隊の指揮官は、自らが任された部隊を強くするために、どうしたらよいか真剣に考え、全力を尽くします。

私も、自衛隊入隊以来、この時にイラク派遣部隊の指揮官になるまで約二〇年間、小隊長や中隊長として、ずっと強い組織作りに取り組んできたわけですが、そのなかでつかんだ一つの教訓があります。それは、組織が強くなるためには、そのメンバー一人一人が強くならなくてはならない、一人一人が強くなるためには、**一人一人がやり甲斐を感じながら生き生きしていなくてはならない**、ということでした。このイラクの例で言えば、一人一人がイラクの人々に対して真心を持って支援することの意義を強く感じながら活動することで、組織全体のパフォーマンスも上がり、それがまた個人のやり甲斐を増進させるという好循環が生まれるというわけです。

この「一人一人が生き生きしているほど、組織としても成果が出る」という原理は、自衛隊に限らず、あらゆる組織に共通ではないかと思います。だとすれば、一般論としても、リーダーが組織を率いて成果を出す大きな鍵となるのが、「いかに一人一人を生き生きと輝かせるか」ということではないでしょうか。

そのために、リーダーは何をすればよいのか。まずは、自分自身が「想い」を持って生き生きと輝くことが大前提です。リーダーがその「想い」にかける情熱は、自然とメンバーの気持ちの中に浸透していきます。しかし、それだけでは十分でありません。一人一人が自分の仕事に誇りを持てるように、それぞれのメンバーにしっかりと役割を与え、個人がその意義を実感できるようにすることが大切なのです。

イラクの例に戻りましょう。私が、リーダーの「想い」の核として、イラクの人々のために「真心を持って支援する」ということを掲げ、その意識をメンバーに徹底しようとしたことはお話ししました。ところが、現地にいた六〇〇人のうち、直接イラクの人々と触れ合いながら、公共施設の復旧工事指導、病院での医療技術指導、給水活動などを行っていたのは、約一〇〇人だけでした。それまでまったく基盤がなかったところで復興支援活動に当たるため、残りの約五〇〇人は、縁の下の力持ちとも言える活動基盤整備の仕事をしていたのです。

復興支援活動のために数十両の重機や車両を持って行きましたが、五〇度を超える高温と砂漠の砂のため、これを整備して常に使えるようにしておくだけでも大変なことです。毎日汗だくになって働く隊員の入浴・洗濯のためには、塩分を含む運河の水を浄化しなくてはなりません。炊事や電気工事、通信設備や医務室の運営なども不可欠です。もちろん、二四時間交代で宿営地を警備している隊員もいます。言ってみれば、小さな町を維持するのと同じことを、この五〇〇人が行って、一〇〇人による支援活動を支えていたわけです。

このため、難しかったのが、それぞれの役割を果たしながら、全員が一体感を持って、イラクの人々のための支援に当たっているという意識を維持することでした。

炊事を担当している隊員にとってみれば、来る日も来る日も酷暑の厨房でコンロに向かい合う毎日。たまの休みにもテロの危険があるので外出は禁止、まるで監獄に閉じ込められたような生活です。毎日油まみれになって車両整備をしている隊員にとっても同じでした。

彼らも含めて、皆で地元の人々の役に立っているのだと、実感しながら仕事をしていくにはどうしたらよいのか。こういう時こそ、リーダーがその役割を果たさなくてはなりません。

そこで目をつけたのが、道路、学校、診療所など、公共施設の復旧工事が完成するごとに、それぞれの場所で行われる竣工式でした。現場で活動していた隊員はその式に参加しますが、宿営地内の縁の下の力持ちとなる隊員は、そのような現場を一目見ることもありません。

そこで、例えば学校の竣工式であれば、日頃宿営地から出ることのない隊員が、現地に行って生徒に折り紙を紹介したり、バスケットボールの親善試合をしたりするというような機会を設け、仲間が行った復興支援の成果と地元の人が喜ぶ姿を、実際に目で見ることができるように工夫したのです。

　また、毎日の朝礼で前日の活動成果を全員に紹介したり、皆が食事をする食堂に、復興工事前と後の公共施設の比較写真を掲示したりして、目で自分たちの活動成果を実感できるようにしました。これらによって、「真心支援」の「想い」が、メンバー一人一人に共有されるようになっていったのでした。

　これと同じようなことは、民間企業でもあると思います。例えばある電気製品の会社では、その会社の製品に大幅な省エネ機能を取り入れることによって、会社として地球温暖化防止に大きな貢献をするのだという「志」を立てたそうです。会社の技術陣の士気は、これによって大いに高まりました。

　しかし当初は、担当地域ごとの販売ノルマに追われている営業の社員にとって、これは他人事でした。そこで、新しい製品を販売することで、担当地域の二酸化炭素排出量が全体でどのくらい減って、どのくらい温暖化防止に貢献できるのかということを計算し、これを地域にアピールするという販売方法をとらせたところ、営業部門の士気も大きく高まったのです。このように、自分がやっている仕事の意義を、大きな「想い」の一部だと実感できるようにすることは、リーダーにとって、とても大事なことなのです。

❖「利他の心」から生まれる「規律」「団結」「士気」

陸上自衛隊では、部隊が真にその力を発揮することができるよう、「規律」「団結」「士気」という三つの要素を高めていくことこそが、リーダーの務めであると教えます。そのためにリーダーが何をするか。それは、そのリーダーの個性によっても変わってきます。人の数だけスタイルもあるでしょう。そのなかで私が思うのは、一人一人が生き生きとすることによって初めて、本当の「規律」「団結」「士気」が生まれてくるということです。

不本意ながら嫌々従わされることで保たれている「規律」は、いつか破綻します。一人一人を無視して押しつけられた「団結」は、いざという時に力を発揮できません。個人個人のやる気が高まることで全体の雰囲気が盛り上がり、それがまた個人のやる気を高めるという好循環こそが、本当の「士気」の高まりです。リーダーが強い組織を作っていくためには、一人一人のやる気、やり甲斐を引き出していくことこそ最も重要だと思うのです。

少し哲学的な話になりますが、人間は社会的な生き物であり、一人だけで幸せを感じることはできません。もちろん、寝て食べて暖かいところで過ごすという物理的な快適や贅沢ということだけなら、無人島で独り暮らししていても得られるでしょう。しかし精神的な充実ということまで含めて幸せということを考えるならば、他人とのかかわりなしに考えることはできません。

それでは、人は他人とどのようなかかわりで、幸せ、あるいは充実感を得るのか。これは仮説になりますが、私は、人は他人の役に立つことで、幸せや充実感を得るのではないかと考えます。

人間が、自分の快適を犠牲にしてでも、他人のために何かをするという利他的な面を持っていることは、多くの例が示しています。自分のひもじさを我慢しても子供に食べ物を与える母親、電車の席をお年寄りに譲る青年、貴重な休日を使って被災地の支援に向かうボランティアなど、その例は枚挙にいとまがありません。

人間が、社会的な動物として進化してくる過程で、他の動物と人間を隔てる重要な特質として、このような利他性を獲得したのだという学者もいます。人によって多少の差はあれ、他人のためになることをした時、人間はいくばくかの満足感を得る生き物のようです。

少し脱線しましたが、このようなことを前提として考えると、組織の一員が仕事等にやり甲斐や充実感を得るのは、その仕事が社会の人々、あるいはもっと身近に職場の同僚などの役に立っていると感じる時であることが多いのではないかと思います。

そうであるとすれば、リーダーとして一人一人のメンバーが生き生きと活動できるような環境を作るためには、それぞれにきちんと役割を与えると同時に、その役割が他の人々の役に立っていることを実感できるように工夫することが大事なのではないかと思うのです。そのように考えると、真の「規律」「団結」「士気」は、「利他の心」から生まれてくるのではないでしょうか。

❖居場所のない者を作らない

このような考え方に立って、私が自衛隊における最後の職務として、約二万人の陸上自衛隊員を指揮する東北方面総監の職についていた時、私は指揮下の中隊長たちに繰り返し、「隊員一人一人に役割を与え、自分の役割を自覚できない、居場所のない隊員を生まないように常に気を配れ！」と指導してきました。

中隊長とは、だいたい一〇〇人前後の隊員を指揮するリーダーで、有事において行動単位となる中隊を指揮するとともに、平素から訓練や生活指導などの責任を負う重要な存在です。

心理学者の研究によれば、人間集団の基本単位はおおむね一〇〇人から一五〇人とされています。そのくらいの人数までが、一人のリーダーが全員の日々の状況を把握して、アドバイスして導いていける最大人数だということは、直感的にも理解いただけるのではないかと思います。そこで、自衛隊のみならず、各国の軍隊も、昔ながらの歩兵部隊だろうと、近代的な電子機器を扱う部隊だろうと、この規模の中隊を最も重要な組織単位としています。

私自身も、戦車の部隊で中隊長を二回経験しました。中隊の下の単位のリーダーである小隊長は、目先の短期的な任務や訓練成果の達成だけを考えていれば務まります。逆に上の単位の大隊長や連隊長は、常に組織全体として効果的に能力を高めていくマネジメントを考えています。その間にいる中隊長こそが、一人一人の人間を見て育てながら、それをまとめ上げて組織として能力を高め、実際に与えられた任務を具体的に遂行するという、要となる役割を担っているのです。

会社のような組織でも、ある程度規模が大きくなると、組織により名称の違いはあれ、そのような要となる単位が作られていると思います。自衛隊の場合は、いつでもどこでも任務の遂行が可能な自己完結性が要求されるので、中隊長の責任は、人の管理、教育訓練、情報処理、物の管理補給など、すべてに及びます。そこで、この中隊長こそが、部隊の「規律」「団結」「士気」を高める上で鍵となる、最も重要な存在だというわけです。

この中隊長が隊員一人一人によく目を配り、それぞれの能力に見合った役割を与えて、自分の居場所が見つからないような隊員が出ないようにしていくことが、強い組織を作っていく上で、非常に重要です。

特に今の時代、メンタル面で調子を崩し、うつに陥ってしまうメンバーが出てくることが、日本中のあらゆる職場で問題になっています。そのような人は、組織内で自分がどういう役に立っているのか見出せず、孤立感を深めていくなかで悪循環に陥っていくことが多いように感じるのです。そうなる前に、各個人の個性と能力を見極めて、最もふさわしい役割を与え、本人にやり甲斐を持たせつつ、育てていくことがとても重要になってくるのです。

❖ウマが合わない人間とどう付き合うか

ただし、リーダーも人間である以上、好き嫌いもあり、人との関係でもウマが合う、合わないということがあります。ウマが合う人間とは、日頃からよく話もするでしょうし、自然と気に掛けるようになるので、その人間に対する理解が深まり、うまく役割を与えることができるようになります。しかし逆の場合には、次第に疎遠になり、何をしているのかもわからず放置してしまいがちになるものです。

私自身、中隊長になったばかりの頃は、この罠に陥っていました。ところが幸い、私はよい助言者に恵まれたのです。当時私は三〇代前半で、アメリカに留学したり、外務省に出向したりしていた関係もあって、部隊の経験も浅い青二才でした。しかし、その中隊のナンバー2は、一兵卒からの叩き上げで、周囲からの人望を得て昇進を重ね、当時四〇代後半でその役職に就いた人物でした。彼はある時、私にこう言いました。

「中隊長、私は人付き合いに関しては、一つの信念があるんです。初対面の人と会った時、誰でも、こいつちょっと嫌な感じだなとか、ウマが合いそうにないなとか思う相手がいるじゃないですか。普通そういう人間とは最小限の付き合いしかしないので、だんだん距離が空いちゃいますよね。でもねぇ、私は初めにそう思った時こそ、その相手に頻繁に話しかけたり、一緒に遊びに行ったりして、積極的に付き合うんです。そうすると、たいていの場合は、第一印象ほど嫌な奴じゃなかったり、合わない面があっても意外と共感できるところが見つかったりするんですよ。それで、ああよかった、あのまま付き合わずにいたら、もったいないことになっていたなって思うんですよ」

私は、こんな人間がいたのかと、心底びっくりしました。彼からは、家に飲みにきませんかとか、山菜取りに行きましょうとか、よく誘われていたので、おそらく私も第一印象が悪い部類だったのでしょう。部隊の経験もあまりない頭でっかちが、上司として赴任してきたのですから無理もありません。

しかし彼がいたおかげで、私はその後、一人一人の隊員を大切にしようと心がけ、一人もメンタル面で不調な者を出すこともなく、皆が明るくやり甲斐を持って働ける雰囲気を作っていくことができたのです。こんなこともきっかけとなり、部隊勤務を重ねるなかで、「組織の強さの根源は、一人一人の充実にある」という信念が、私の心の中で徐々に育ってきたのでした。

❖皆の「生き生き」の根源は、リーダーの「想い」から

組織にとって、リーダーがどんな人で、どんなことを考えているのかは、とても大事なことです。私はその後も、指揮下にある何十という部隊を見てきましたが、不思議なことに、指揮官の性格や「想い」というものは、如実にその部隊全体の性格や雰囲気としてあらわれるものです。生真面目な指揮官の下にはコツコツ仕事をする真面目な部隊が、朗らかな指揮官の下には明るく伸び伸びした部隊が、という具合です。性格は簡単には変わらないので、とにかく自分の個性を生かせばいいわけですが、より大事なのはリーダー自身の「想い」です。

私がイラクで掲げた「真心支援」のように、明示的にスローガンとして示すにせよ、中隊長として「一人一人を大切にする」ことの大切さに気づいた時のように心の中で思うにせよ、リーダーの「想い」は自然自然とメンバーの心に染み込んでいって、一人一人を生き生きと輝かせます。

逆に、リーダーがこのような「想い」を持っていない場合、その組織は波に漂う木の葉のように、行き場所もわからず、当てどなく漂流してしまい、一人一人も充実した生活を送ることができなくなってしまうのです。リーダーの「想い」と、メンバー一人一人の「生き生き」は、コインの両面なのです。

第3章　よく聞いて、感謝し、決断せよ！

❖リーダーが陥る「罠」

リーダーとして成功した人がよく陥る、一つの「罠」があります。自分の実力で成功し、リーダーの座を勝ち取った人ほど、この「罠」によく陥ります。

それは、「他人の意見を聞かなくなる」という「罠」です。私は今まで、この「罠」に陥って、その後、組織で本来の力を認められなくなってしまった先輩や後輩たちを、数多く見てきました。

自分の力で成功すれば、当然それが自信につながります。自信を持つことで、それが次の仕事へのポジティブな態度につながり、次の成功へと導いてくれます。このような成功の連鎖は、もちろん良いことであり、そのような連鎖を作っていくことで、一般のメンバーからリーダーへと、責任ある立場を任されるようになっていくのは、まったく自然なことです。

ただし、その際によく認識しておかなくてはならないのは、あなたのその成功は、あなた一人の力で得たものではないということです。その成功が、あなたの独創的アイデアや人一倍の努力によるものであったとしても、あなたがそこに到達するまでには、過去の上司や先輩の指導があったでしょうし、具体的に成果に結びつける上では、他の人の働きも関与しているのだということを、常に忘れてはいけません。

往々にして人間というものは、自分が成功した時には、あたかも自分一人の力でそれができたように、勘違いしがちなものです。特に、本当に実力があって、次々と成功を重ねていくと、謙虚な気持ちが次第に失われていくということは、ありがちなことです。そして、組織においては、そのようにして成功した人がリーダーになっていくのもまた、当然なことです。

ここに「罠」があるわけです。今まで、自分はこのやり方で成功してきた。他の人の考えに従うのではなく、自分自身の考えを貫き通してきたからこそ、今の自分がある。このような信念は、貴重な財産でもありますが、その副作用として、「他人の意見を聞かなくなる」という陥穽を伴っているということを、常に自覚していくことがとても大事なのです。

自分への過信は、迷信のようなものです。相撲取りが、初日に髭を剃らなかったら白星だったので、験を担いでその場所の一五日間、髭を伸ばし続けることと大差ないのです。あなたに実力があるからと言って、他の人の言うことは間違っている、聞く価値はない、と思うのは、何の根拠もない、非科学的な考え方です。

しまいます。

❖「YKK」を心がけよ！

しかし、リーダーは、それでは務まりません。他人の意見を聞かないリーダーは、成功するはずだった機会を逃してしまうばかりか、メンバーの信頼を失い、チームをガタガタに壊してしまいます。

逆に、チームのメンバー一人一人の意見をよく聞くリーダーは、自分では気づかなかった成功のチャンスをつかむことができ、メンバーの信頼を得て、最強のチームを築いていくことができるのです。

これを実践していくためのチェックリストとして、私は、常に「YKK」を忘れるなと、幹部候補生学校長として、そして師団長や方面総監という指揮官として、学生や部下に諭し続けてきました。「YKK」とは、私のオリジナルで、

「よく聞いて（Y）、感謝し（K）、決断する（K）」

の頭文字を取ったものです。

よく聞くことが大切であることは、前項でも述べた通りですが、それだけでは不十分です。たとえ自分にとってはあまり役に立たない意見だと思ったとしても、意見を言ってくれたことに感謝し、決してぞんざいな態度を取ってはいけません。せっかく意見を述べたのに、冷たくあしらわれたと感じると、その人は次から意見を言ってくれなくなります。

その時は、たとえ取るに足らない意見であったとしても、きちんと敬意を持って受け止めること。そうせずに、冷たい対応で済ませてしまうと、次の機会に得られるはずの貴重な意見を失ってしまうことにもなりかねません。特に、リーダーとしてチームを率いている時、この点には細心の注意が必要です。メンバー一人一人の意見に感謝の念を持ってきちんと耳を傾けることで、チームとしての良いアイデアが生まれてくるのです。

そして、これと同じくらい大事なのは、リーダーが責任を持って、決断することです。一人一人の意見に感謝しつつ耳を傾けるということは、それを全部採用するということではありません。複数の意見の中には、正反対のものもあるでしょうし、間違ったものもあるでしょう。

職場で困る上司の一つの類型として、皆が意見を言うと、「ふむふむ」とよく聞いてはくれるが、いつまでもそれだけで、一向に何も決めてくれず、仕事が滞ってしまうというパターンがあります。これでは、リーダーとしての責任放棄であり、結局は、あの人に意見を言っても意味がない、ということになってしまいます。

リーダーたる者、皆の意見に感謝の念を持って耳を傾けた上で、最終的には、それらの意見の良否を判断し、自分の責任で結論を出さなくてはなりません。それこそが、リーダーの仕事です。そして、採用しなかった意見には、なぜ採用しなかったか、きちんとリアクションを返すことも重要です。

リーダーが、これらをきちんと行うことにより、個人の参画意欲や、チーム内の活発な議論のムードが生まれ、前章で述べたような、生き生きした充実感が生まれます。また、第1章で述べたように、それぞれの意見に対し、「即、実行」で直ちにリアクションを返すことで、リーダーに対する、またチーム内全般における信頼感情も生まれてくることでしょう。

このように、ＹＫＫ「よく聞き、感謝し、決断する」は、リーダーにとって、忘れてはならない合い言葉なのです。

❖悪循環から抜け出せ

ところが実際には、このことを忘れて、「罠」に陥ってしまうリーダーが、大勢います。私が師団長をしていた時、その指揮下にある遠隔地の部隊の指揮官に関して、隊員から投書がありました。その指揮官が、一人だけの考えで突っ走り、部隊の実情に合わない厳しい訓練を隊員に押しつけている。それに対し意見を言っても、頭ごなしに怒鳴られ、まったく聞く耳を持たないので、部隊の雰囲気は最悪で、皆やる気を失っている、と窮状を訴える投書でした。

このような投書は、往々にして僻みややっかみによる誹謗中傷であることも多いので、私は複数のルートで状況を確認しました。その結果、投書は、多少一方的な見方ではあるものの、一理あるものであることがわかりました。

その指揮官は、エリートとして育ってきた非常に優秀な人間で、その部隊の指揮官になる前から、陸上自衛隊の訓練のあり方について真剣に考え、装備品の能力を最大限に生かす訓練を行わなくてはならないという信念に燃えて、その職に着任したのでした。その意味で、私の目から見ても、彼がやったこと自体は間違っていたわけではありません。

彼の場合の問題は、私が言うYKKの中で、最後のK「決断する」だけが前面に出てしまい、Y「よく聞く」や最初のK「感謝する」を忘れてしまったために、現場においてリーダーだけが浮いてしまったという点にあったのです。まさに、成功してきたリーダーが陥る「罠」の、典型的な例でした。

あのリーダーは部下の意見を聞いてくれない、という評価がチームの中に広まると、リーダーがいくら正しいことを言っても、メンバーは感情的にこれに反発して素直にリーダーに従わなくなります。この状況に直面したリーダーは、優秀であり、自信を持っているがゆえに、なぜ皆が従わないのかとイライラし、声を荒らげ、怒鳴り散らしてしまうので、メンバーは萎縮して、ますます意見を言わなくなってしまうというわけです。

その結果、リーダーとメンバーの間の信頼関係はズタズタになり、チーム内の雰囲気もギスギスしたものになってしまいます。このようななかで、チームとしての成果は上がるはずもなく、リーダーだけがますます焦って空回りするという悪循環に陥ってしまうのです。

私は、だいたいの状況がつかめたので、その指揮官を呼び出しました。オフィスに彼を招き入れ、彼のために買っておいた和菓子とお茶を出し、軽く雑談した後に、私は切り出しました。匿名の隊員から投書があったこと、それはあながち中傷とは言えないと思われること、一般の隊員が指揮官の彼をどう見ているかということなどを、順序立てて話をしたのです。

彼自身、もともと優秀な人間ですから、私が言わんとしていることを素直に理解してくれました。そして、彼自身、うすうすそのことには気がついていたものの、今冷静に振り返ってみると、自分がリーダーだからと意地を張ってしまっていたのだと思うと、訥々と話してくれたのです。

そこで私は、持論であるＹＫＫの重要性、特にまず「聞く」という態度が大切であることについて、改めてじっくり話をしました。それまでも指揮官会議等で何度も言っていたのですが、やはり徹底するということは難しいものです。一対一で話すなかで、彼も大きくうなずきながら聞いていました。

その後、いろいろなソースから状況を確認してみると、彼も指揮のスタイルを変えて部下の意見を聞くようになり、部隊内の信頼関係はだいぶ回復されたようでした。もちろん、厳しい訓練をすることに変わりはないので、隊員に多少の反発はあるようでしたが、一定の信頼関係があっての不満の表明と、不信感が渦巻くなかでの感情的な文句では、天と地ほど違います。

悪循環から抜け出すには、何らかのきっかけが必要だったのでしょう。その後は、指揮官と隊員との直接の対話が成り立ってきたようで、私もホッとしたというわけです。

❖「傾聴」の重要性

このように、ＹＫＫ「よく聞いて、感謝し、決断する」は、リーダーにとって大切な指針となるものですが、その出発点である「聞く」ということについては、一定のスキルが必要です。それは、カウンセリングの分野で「傾聴」と呼ばれている技法で、まずは相手が言うことに口を差し挟むことなく、最後まで受動的な姿勢で聞くというものです。カウンセリングでは、途中に軽い相槌を打つなどにより、相手が言うことを聞いていますよというシグナルを送り、カウンセラーと相談者の間に、ラポールと呼ばれる信頼関係を築いていくのですが、その基本が「傾聴」です。

私は、この「傾聴」の技法を身につけることが、リーダーにとって非常に重要なことだと思っています。自分の能力に自信がある優秀なリーダーほど、相手、特に部下が話している時に、それを途中で遮って、「それは違う」とか「私はそうは思わない」などと、自分の考えを述べて、話をその方向に持って行ってしまいがちです。

リーダーにこれをやられてしまうと、部下はいくら自分なりの考えを持っていたとしても、それ以上、説明することができなくなってしまいます。結果として、部下の側には、自分の意見を聞いてもらえなかったというフラストレーションが募ることになります。

もしも話を最後まできちんと聞いていれば、リーダーにとっても、有用な情報やアイデアを得るチャンスがあったかもしれません。途中で遮ってしまったことで、みすみすそのチャンスを逃してしまっているわけです。

また、最後まで聞いた結果、リーダー自身の考えのほうが優っていたとしても、話したいことをすべて聞いてもらったという事実により、その部下の側にも満足感が残ります。採用はされなかったが、リーダーは自分の意見をきちんと聞いてくれたということで、リーダーに対する信頼感が生まれるのです。

もともと、このように人の話を聞くのが得意な人もいますが、多くの場合、「傾聴」の技法を身につけるには、訓練が必要です。しかし、難しい訓練ではありません。途中で遮ることなく、相槌を打ちながら、最後まで相手の言うことを聞くという訓練です。自分が違う意見を持っている場合、無理に相手に同意する必要はなく、「ほう、あなたはそう思うのですね」と相槌を打ちながら、途中で自分の考えを差し挟むことなく、最後まで聞くということを意識的にやればいいわけです。

カウンセリングの講習では、よく受講者が二人一組になって、一人が模擬相談をし、カウンセラー役がそれを「傾聴」するという訓練をします。これと同じことは、リーダーとして日常的にメンバーと接する際に、自分自身で心がけることで訓練できるのです。

カウンセリングと違うのは、相手の言うことを最後まで聞いた後で、今度はリーダーとして自分の意見を述べ、意見を戦わせた上で、最終的な結論を得るというところですが、とにかく最初の意見を聞く部分では、途中で相手を遮らず、最後まで聞くということが重要です。

実際には、これがなかなか難しく、私も指揮官時代、ついつい途中で「いやそれは違う！」と遮ってしまっては、はっと我に返って自分を戒めたものですが、それを心がけるか否かで、信頼関係を築けるかどうかが大きく左右されると実感したのも確かでした。

❖怒りのコントロール

「傾聴」と関連するものとして、「アンガー・マネージメント」と呼ばれる怒りのコントロールも重要です。最近は、パワーハラスメント防止策として、言及されることも多くなってきました。

リーダーは、自分に能力がある上に、重い責任を負っているので、メンバーが失敗をしたり、持ってきた案がお粗末だったりした場合、つい感情的になって、「何でこんな簡単なこともできないんだっ！」と、感情的に怒ってしまいがちです。

リーダーとして、メンバーを指導することは必要ですから、時には叱ることもあって然るべきですが、問題は感情的になってしまうことです。感情むき出しで怒鳴ったのでは、相手も感情的に反発したり、動揺したりしてしまい、指導の内容がすんなり頭に入ることはありません。さらに暴力となれば、言語道断です。

よく旧日本軍を描いた映画やドラマの影響で、自衛隊でもビンタ等の暴力的な指導が行われているのではないかと思っている人がいますが、それはまったくの誤解であり、暴力的指導は厳しく戒められています。ただし、大声で怒鳴るなどの威圧的指導は、比較的最近まであったので、今は組織的に、この「アンガー・マネージメント」の教育を取り入れているのです。

感情的な怒りを抑えるためには、怒りの感情が兆したら、口を開く前に三つ数える「スリーカウント法」や、まず深呼吸をする方法など、さまざまな「アンガー・マネージメント」の手法が心理学的に研究されており、本もたくさん出ています。ここでは、リーダーの自覚を持って、自己をコントロールすることが重要であるとの指摘に留めますが、重要なことなので、心がけていただきたいと思います。

もちろん、感情的になることが、一律にすべて悪いというわけではありません。メンバー一人一人のことを真剣に考えていればいるほど、信頼を裏切られた時には、涙を流して真剣に怒るということもあって当然です。感情がまったくないロボットではリーダーは務まりません。

しかし、感情に流されて、後先を考えずに怒鳴り散らすようなことがないよう、自分をコントロールすることもまた、リーダーの「人間力」の一部だということを、覚えておいてください。

第4章　常にポジティブ思考であれ！

❖逆境で良い仕事をするには

自衛隊の仕事が他の仕事と違う大きな点に、活躍が期待されるのは常に逆境においてである、ということがあります。自衛隊の部隊がその真価を見せるのは、国民が危機に苦しんでいる時であり、その逆境のなかで国民に希望の光が持てる道筋をつけることこそ、自衛隊の仕事なのです。これは、海外任務でも同じです。災害救助にしろ、戦災復興支援にしろ、その国の住民が苦しんでいる困難な時だからこそ、自衛隊に任務が付与されて、遠路はるばる派遣されることになるわけです。

しかし、そのような逆境や困難な状況を目の当たりにしても、自衛隊員はくよくよと打ちひしがれているわけにはいきません。常に前向きに、与えられた任務に邁進していくことこそが、求められているのです。

そのようななかで、チームの士気を高く保って、一丸となって任務に立ち向かっていくために、リーダーに求められるものこそ、**ポジティブ思考**です。すなわち、事態を悲観的に考えて逃げ腰になるのではなく、常に楽観的な考え方を持って、困難な事態を打開する方向を積極的に探し出していくマインドを、忘れないようにしなくてはなりません。

もちろん、楽観的と言っても、物事を常に安易に考えて極楽トンボでいればよいというわけではありません。皆が辛い時、苦しい時、恐怖に慄いている時であっても、必ず何か打開策があるはずだという楽観的な信念を持って、メンバーの気持ちを鼓舞しつつ、前向きに一つ一つできることに取り組むようリードしていく、これこそがポジティブなリーダーのあり方です。

一つ私自身の例を挙げましょう。

イラク復興支援群の指揮官としてイラク南部サマーワに派遣された際、部隊というのは生き物だと実感したのは、第1章で触れた通りですが、毎日隊員の顔を見ていると、そのことがひしひしとわかるのです。現地入りして一か月過ぎた頃には、緊張と連日の猛暑で多くの者が疲弊し、目がうつろになってきます。ロケット弾攻撃を受けた翌日には、皆次に何が起こるのかとオドオドし、視点が定まらない状態でした。

私は、これではいけないと、毎日全員を集めた朝礼を開き、何かしら皆の心が浮き立つ話をするようにしました。特に、前日に活動現場で見つけた「いい話」をするようにしたのです。「昨日は診療所の復旧工事が一段落したところで地元の人たちが集まってきて、日本隊の仕事ぶりを褒めてくれた」とか、「昨日は小学校への給水器設置現場で、子供たちが集まって日本への感謝の歌を歌ってくれた」など。また時には、ちょうど同時期に開かれていたアテネオリンピックで自衛隊の選手がメダルを取った話を紹介し、「同じ日本代表として、我々も頑張ろう」というような話もしました。

苦しい時には、皆リーダーを見ています。リーダーが苦しそうな表情を見せた瞬間、チーム全体の生気がなくなってしまうのです。

このように考えると、これは自衛隊だけのことではなく、どのような仕事にも当てはまるのだということに、皆さんもすぐお気づきになるでしょう。自衛隊のように常に困難ななかで任務が付与されるというわけではないとしても、どのような仕事にも、面白いようにうまくことが進む順調な時もあれば、何をしてもうまくいかない逆境の時があります。そのような逆境において、リーダーがいかにポジティブ思考を発揮して、チームを引っ張っていけるか。その時にこそ、リーダーの真価が問われるわけです。

そこで本章では、どうすればリーダーとしてポジティブ思考を保つことができるのか、その点に焦点を当てて、話を進めていきたいと思います。

❖ポジティブ・リーダー三か条

リーダーとして常に自分もポジティブな意識を持って、チーム全体を前向きにさせていくためには、具体的にどうしたらよいのでしょうか。私自身がこの問題で真剣に悩んでいた時、一冊の本に出合ったことで、今まで漠然と頭の中にあったことを、整理することができました。

その本とは、アメリカ心理学会の会長も務め、ポジティブ心理学の権威であるマーティン・セリグマン博士の著書『ポジティブ心理学の挑戦』です。

セリグマン博士は、それまでの心理学的なセラピーが、うつなどの患者の苦しみを取り除くところまでで終わってしまい、本当によりよい充実した生活を送れるところまで導いていなかったのではないかと、その反省の下にポジティブ心理学の研究に打ち込み、この分野のパイオニアとして大きな成果を上げてきました。博士の研究は今、軍隊や学校などアメリカ社会の多くの組織に取り入れられて、絶大な効果を発揮しています。

その基本的な考え方は、人間は気持ちの持ち方を自分自身でコントロールすることで、苦しみを和らげるにとどまらず、価値ある人生を送っているという実感を得て、持続的な幸福を手に入れることができるということです。詳しい内容をここで紹介する紙幅はありませんので、関心がある方はぜひ、博士の著書を読んでいただきたいと思います。

ここでは、博士のポジティブ心理学の考え方をもとに、私なりに、ポジティブ・リーダーになるための三か条を考えてみましたので、以下それを紹介します。

第一条は、**「ネガティブな発言一回に対し、少なくとも三回はポジティブな発言をせよ」**です。例えば、販売の職場のリーダーとして、「いやー、今日は外れの日だなー、こりゃ全然売れそうにないよ」と口走ってしまった場合、これで終わらせることなく、最低三つはポジティブな方向の発言をすべきであるということです。「昨日あれだけ売れたんだから、商品そのものに魅力があるのは確かだ」「今日売れないことを偶然のせいにするのではなく、理由を分析して改善方向を考えてみよう」「それにしても、このような日にA君だけは売り上げを伸ばしているのは凄いな、日頃の地道な努力の賜物だね」という具合です。

リーダーのネガティブな発言は、メンバーの士気を大きく低下させます。それをカバーして、皆にやる気を起こさせるためには、少なくとも三倍のポジティブな発言が必要なのです。だからといって、リーダーがネガティブな発言をまったくしないというのでは、いかにもカラ元気であり、現状を把握していないのではないかと、メンバーの信頼を失います。的確な分析に基づいて、するべきネガティブな指摘はした上で、さらにその三倍に当たる分、ポジティブなことを言うべきだということなのです。個人に対して、「一つ叱ったら三つ褒めろ」というのも、これと同じことです。

常に逆境で任務を遂行する自衛隊のリーダーにとって、このことは非常に重要だと、私も感じてきました。任務の困難さをごまかすことなく、きちんとメンバーに伝えた上で、それを克服できる根拠や乗り切るための具体策、非常時の次善の策などをきちんと説明し、自分たちはできるのだという自信を付与することこそ、リーダーの大切な役目だと痛感する場面が多くありました。

第二条は、**「メンバーの発言に対し、積極的かつ建設的な反応をせよ」**です。他人の発言に対する反応としては、受動的か積極的か、破壊的か建設的か、の組み合わせで四つのパターンが考えられます。例えば、「ついに家を買っちゃいました」と笑みを満面に浮かべて報告してきた部下に対し、受動的かつ破壊的な対応は「あっ、そう」という素っ気ない返事、受動的かつ建設的な対応は「おぅ、よかったな」という感動がない通りいっぺんの言葉、積極的かつ破壊的な対応は「えー、今の給料じゃローン地獄だぞ、小遣いも減らされるな」という憎まれ口、積極的かつ建設的な対応は「おー、奥さんも喜んでいるだろ、それでどんな家なんだい」と喜びを分かち合う共感、というわけです。

もちろん、リーダーとして望ましいのは、四つ目の積極的かつ建設的な対応です。これは前章で説明した「よく聞く」という「傾聴」の態度とも通じるところがありますが、ここで強調したいのは、メンバーの何気ない言葉にもポジティブに反応して、そこからさらに良い人間関係を築いていくきっかけにするということが、リーダーとして大切だということです。

このようなリーダーの対応というものは、自然と他のメンバーにも伝染するものです。リーダーが率先して、積極的かつ建設的な反応を見せることで、メンバー同士も同様の反応をするようになり、チーム全体の人間関係が、互いを思いやり、共に協力して良い仕事を成し遂げようという建設的な方向に向かって動いていくことになるのです。逆に、リーダーの素っ気ない対応や破壊的な対応は、チーム全体の人間関係を悪化させます。

私は、三〇代で一〇〇人弱の部下を持つ中隊長として勤務した時、身を持ってこの両面を体験しました。高校を卒業して自衛隊に入ってきたばかりの一人の新入隊員の結婚に関する悩みに、親身に相談に乗って対応するなど、リーダーとして一人一人と明るく建設的に付き合っていたことで、中隊全体の雰囲気はとてもよくなっていました。

ところが、大きな演習などが続いて慌ただしい時期に、別の新入隊員が飲酒に関連して規律違反などの問題を起こしました。私は、その隊員が心の中に抱えている人間関係の悩みにうすうす気づいていたのですが、忙しかったこともあって、きちんと向き合おうとせず、なおざりな対応だけで済ませてしまいました。この時期に、何回かそのようなことが続き、それを周りの人間も見ていたことで、中隊全体の人間関係も何となく冷えていき、ギスギスした雰囲気になってしまったのです。

今考えると、たとえ忙しくても、良いことに出合った時、悪いことに直面した時に、リーダーは常に積極的かつ建設的な対応を忘れないようにすることが大切なのだ、とつくづく思います。

ポジティブ・リーダー三か条の最後、第三条は、**「チームに対しても、メンバーに対しても、その弱点を意識させるのではなく、その強みを意識させよ」**ということです。リーダーとして、チームの力をさらに高めたいと考える場合、往々にしてそのチームの弱点を探し出して、その点を直そうとしがちです。確かに、リーダーとして冷静な分析をすること、そして弱点に対して対策を考えることは重要です。しかし皆に意識させるのは、できる限り弱点より強みのほうがいいのです。

それぞれのメンバーに対しても、リーダーとして彼らを育てようと熱意を持っているほど、一人一人の弱点が目についてしまい、ついついそれを指摘して直させようとしてしまいます。この場合にも、弱点を意識させるのではなく、それぞれの個人の強みを意識させるべきなのです。

それは、なぜでしょうか。

これも、セリグマン博士が強調していることですが、人間というものは、批判されるとつい自己防御的に自分を正当化する理由を考え、かえって自分の考えに固執するようになりがちなものです。また批判が的を射て、痛いところを突いている場合、実は本人もそれを一番気にしていることから、やっぱり自分はだめなんだと、無力感に打ちひしがれてしまうこともあります。細かいところは批判で直るかもしれませんが、本質的なことになるほど、人は批判では変わらないのです。

むしろ人が変わるのは、自分の強みをもっと活用する方法を理解した時だと、セリグマン博士は言います。メンバーが意固地にならずに、リーダーが言うことに素直に耳を傾け、自分を向上させていこうと、創造的に努力するようにしむけるには、まず自信を持たせ、それを発展させる意欲を植え付ける必要があるというわけです。

チーム全体に対しても、自分たちが今までうまくやって成功してきた実績を意識させ、その強みをさらに発展させていくためにはどうしたらよいか、と皆で考えるようにしむけていくことこそ、ポジティブ・リーダーのあるべき姿です。

そのような意識が生まれると、各メンバー相互間においても、お互いの個人の強みを意識して、それぞれの強みを活かし合おうという風潮が生まれ、チームはそのような好循環によってぐんぐん成長していくのです。

これは、スポーツのチームを考えてみるとわかりやすいでしょう。野球にしろ、サッカーにしろ、ゲームの中で起こるエラーやミスについては、他人に指摘されるまでもなく、本人が一番よくわかっているのです。それを指摘し合うのではなく、互いの好プレーを意識することで、チームとして自分たちは強いのだという自信が生まれてきた時、チームの実力はさらにアップしていくというわけです。

自衛隊においても、新米の指揮官が、先輩の指揮官たちからよく言われることがあります。それは、部下の隊員一人一人がやっていることを、毎日できるだけよく見て、こまめに声をかけてやり、それぞれの良いところを本人に意識させて、伸ばしてやることが大事だということです。

このように、チームとしての強み、メンバー各個人の強み、これを的確に見抜いて、本人たちが意識できるように明確化すること。そしてその自信の上に、それぞれがさらに向上を目指して努力するようしむけていくこと。これこそがポジティブ・リーダーがなすべきことなのです。

❖リーダー本人がポジティブ人間になる

さて、ここまでポジティブ・リーダーのあり方について述べてきましたが、そのためには、そもそもリーダー自身が、ポジティブである必要があります。もともと性格的にポジティブの塊のような人なら、その必要はないでしょうが、リーダーも人間。どうすればいいかと真剣に考えて悩めば悩むほど落ち込んでしまい、そうすべきだと思っても、なかなかポジティブな態度でチームを引っ張っていくことができないという方も多いでしょう。自分自身がポジティブ人間になるためには、どうしたらよいのでしょうか。

まずは、物事を悲観的にではなく、楽観的に見ることです。それでは、悲観的と楽観的の違いとは、どういうことなのか。これもまたセリグマン博士の研究成果ですが、例えば人々が酷く不快な騒音がする部屋に入れられた時、楽観的な人たちは「そのうち止むだろう」「何か止める方法があるはずだ」と考えるのに対し、悲観的な人は「これがずっと続いたらどうなってしまうのだろう」「自分ではこの状況は変えようがない」と思ってしまうということです。つまり、楽観的な人は、「状況は常に変化していくものだ」と考え、悲観的な人は「状況は変わらないものだ」と思いがちだということなのです。

だとすれば、もともとの自分の性格を超えて楽観的になるためには、物事が変化するものだという点に、常に注意を向けるようにすればよいのではないでしょうか。取り巻く環境にしろ、自分自身にしろ、ずっと変化せずに同じままだということはありえません。そして、もし悪い変化があったとしても、必ず良い変化もあるはずです。

毎朝駅に向かう通勤経路上で、昨日は蕾だった梅の花が、今日は開いていることに気づく。ふと空を見上げて、いつの間にか夏の入道雲に代わって、秋のうろこ雲が出ていることに気づく。子供の誕生日に何を上げようかと悩んでいたところ、突然良いアイデアを思いつく。このように、本当に些細なことであっても、自分の周りや自分の中に、何らかの良い変化が起きていることを、新鮮な感動を持って意識することで、自分の心の中にある楽観的な部分を育てることができます。

これを毎日継続的に行って、自分の心をポジティブに変えていく実践的な方法として、ポジティブ心理学では**「三つの良いことエクササイズ」**という方法を推奨しています。毎日寝る前に、今日一日にあったことのなかで、どんな些細なことでもよいので、良かったことを必ず三つ書き留める。ただ、それだけです。

「道端に咲いていた花がとても綺麗だった」とか「コンビニの店員の笑顔がとても爽やかだった」などの些細な嬉しさから、「仕事で認められて昇給した」とか「彼女へのプロポーズが実を結んだ」などの人生を変える喜びまで、何でもよいので、とにかく毎日欠かさず書き留めるのです。

そんなことで本当に効果があるのだろうかと思われるかもしれませんが、騙されたと思ってやってみてください。私も、このことを本で読んでから実践しているのですが、特にストレスがたまっている時、ポジティブな気持ちを保つ上で絶大な効果があると感じています。

そしてもう一つ、これは私自身がずっと実践してきて大きな効果を感じているポジティブ・マインド養成法があります。それは、**「愚痴を言わない」**ということです。

大学を卒業して、自衛隊のリーダー養成機関である幹部候補生学校に入った時、私はある先輩から次のようなアドバイスを受けました。

「この学校では、自衛隊の幹部として、辛い訓練に耐える隊員一人一人の気持ちを心底から理解するために、肉体的に徹底して厳しい訓練を行う。三〇キロ以上の荷物を背負って一〇〇キロ歩いた後に、部隊を指揮して作戦行動をするという訓練もある。そのなかで、強い気持ちを持って積極的に訓練に臨むためには、どんなに辛くても、きつくても、決して愚痴を言わないことだ。愚痴は人間を弱くする」

一緒にこのアドバイスを聞いた同期生のなかには、すぐにそれを忘れてしまったのか、「こんなのやってらんないよ」と毎日愚痴っている者も多かったのですが、私はこの学校にいる間は、愚直にこのアドバイスを守ろうと決め、一切愚痴を口にしませんでした。

そして通算一年間の訓練を終えて学校を卒業する時、愚痴を言わずに厳しい訓練を乗り切ったことで自信を得たのはもちろんですが、それにとどまらず、愚痴を言わないという自分なりの決めごとによって、自分の気持ちを常に前向きにすることができたことに気づいたのです。

「愚痴を言う」ということは、先に紹介した「三つの良いことエクササイズ」の正反対で、嫌だったことを思い出し、自分の心の中でそれを増幅するという効果があります。愚痴を言えば言うほど、ネガティブな感情が自分の心の中で掻き立てられることになるのです。その意味では、悪口を言うことも、同じかもしれません。愚痴や悪口を口にしないと決めることで、自分の心をよりポジティブな方向に持って行きやすくなることに、私は思い当たったのでした。

以来三〇年以上、私は愚痴を言わないと決めてそれを実践し、悪口もできるだけ言わないように努めてきました。今までの私の人生で、この努力が、自分の心をポジティブに保つために、大きな効果を発揮してきたと、今しみじみ実感しています。

❖レジリエンスを高める

レジリエンスという言葉をご存じでしょうか。日本語では「強靭性」とでも訳せばいいのか、物理的に粘り強く折れにくいことを言います。特に心理学の世界でレジリエンスと言った場合には、精神的なストレスを跳ね返して、平穏な心を保つ力という意味で、精神的回復力と説明されたりもしますが、近年は日本語でも、レジリエンスが定着しつつあるようです。

個人として、精神的なレジリエンスが高いということは、精神的負荷がかかっても心が折れ難いということであり、うつに陥り難い状態、多少落ち込んでもすぐに回復できる状態ということになります。また、集団としてレジリエンスが高いということは、メンバー相互の間でよくコミュニケーションがとれており、強い相互信頼の下、それぞれの弱いところを補い合って、厳しい状況のもとでも、高いパフォーマンスを発揮できる状態だと言えるでしょう。

この概念を使うと、今まで本章で説明してきたポジティブ・リーダーとは、自らが率いるチームの、そしてさらにはその構成員たるメンバーの、レジリエンスを高めていくことができるリーダーであるとも言えます。常にチームをポジティブな方向に向けていくことで、チームとしてのレジリエンスを高めていくことができるリーダーこそ、ポジティブ・リーダーなのです。

二〇一一年三月一一日に発生した東日本大震災の際、この未曾有の大災害に立ち向かった自衛隊の各部隊の指揮官には、まさにこの点が求められました。平日の午後に発生した大災害。被災地に所在していた自衛隊各部隊は、それぞれの駐屯地から直ちに被災者の救助に向かいました。隊員たちの家族の多くもおそらく被災しており、その生死もわからない状況で、隊員たちは何も考える暇もなく、直ちに任務に向かったのです。

実際に被災地に進出した時、津波によって見渡す限りの瓦礫の山となった市街地を前にして、隊員たちは一瞬無力感に襲われ、呆然と佇んだと言います。隊員たちは、動揺していました。しかし、このような時のためにこそ、指揮官がいるのです。それぞれの部隊の指揮官は、「今この時のためにこそ、日頃から訓練してきたのだ。その成果を発揮して、一人でも多くの命を救おう」と、隊員たちの気持ちを鼓舞し、人命救助という一点に皆の気持ちを集中させました。

日が暮れても、救助活動は遅々として進みません。隊員の疲労は募ってきます。指揮官たちのポジティブ・リーダーとしての真価が問われました。そのようななか、各部隊とも決してひるむことなく、ひたむきに救助活動を続けていたと、後々多くの住民の方が語ってくれました。

なぜそれができたのでしょうか。その鍵は、各部隊の指揮官が、日頃の訓練で培ってきた力にあります。自衛隊の部隊は、日頃から演習場において、不眠不休で疲労困憊した状態でも、毅然と任務を遂行する訓練を続けています。その訓練のなかで、部隊指揮官たるリーダーたちは、逆境にあっても、自分のチームの各メンバーがへこたれることなく、前向きな気持ちを持ち続け、積極的に任務に邁進していくことができるようにする、ポジティブ・リーダーとしての術を会得するのです。

このように、指揮官を核心として、部隊としての訓練を積んでいるからこそ、大津波の甚大な被害を前にしても、各部隊はそのレジリエンスをいかんなく発揮して、ひるむことなく長期間にわたる救助活動を続けることができたのでした。逆境において真価を発揮するためにこそ、ポジティブ・リーダーの存在は大きいのです。

第5章　「志、元気、素直、愛嬌」を忘れるな！

❖六大資質とは

さて、ここまでリーダーに必要な人間力について、私が常々大切だと思ってきた「信頼を勝ち取る」「一人一人を輝かせる」「よく聞く」「常にポジティブである」という四つの点について述べてきました。ここで皆さんがいだく疑問は、「この四つについてはわかったが、リーダーの人間力として必要なものは、これですべてだと言えるのだろうか」ということではないかと思います。

私自身も、指揮官としてそのことをずっと考えてきました。そのようななか、二〇〇九年に、陸上自衛隊の指揮官養成を専門に行う学校である陸上自衛隊幹部候補生学校（福岡県久留米市）の学校長を命ぜられたのです。そこで私は、それを機会に、この点を組織として徹底的に研究してみました。

私が着任した時、幹部候補生学校では、長年の教育の積み重ねから、「リーダーの人間力」

【表5-1】幹部候補生学校における六大資質

資質	精神要素	評価の視点
使命感	愛国心	日本人としての自覚の下、民主主義を基調とする我が国の発展に尽くす精神
	忠誠心	自己の責務を自覚し、国家・組織に対し忠誠を尽くす精神
	向上心	より優れたリーダーとして自己を向上させようとする精神
	献身の心	組織の一員として、無私の心をもって組織に献身しようとする精神
責任感	規律心	組織の一員として、規範(道徳、規則等)を遵守する精神
	自律心	任務遂行のため、自己を律し、抑制しようとする精神
	任務完遂の意志	自己及び組織の任務を、全力を尽くして達成しようとする意志
判断力	思考力	常に論理的な思考過程に基づいて冷静沈着に結論を導出しようとする意欲
	探求・洞察力	物事の本質を探究し、先見洞察して見極めようとする意欲
	創造力	新たな発想をすることで、より効果的に任務を遂行しようとする意欲
	革新力	常に組織を発展・革新させ、その能力を向上させていこうとする意欲
	柔軟・敏捷性	状況の変化に、迅速かつ柔軟に対応しようとする意識
	決断力	時宜に即して適切かつ的確に判断・決心しようとする意欲
	対人関係力	組織の一員として、良好な人間関係を構築しようとする意欲
実行力	企画力	任務遂行のため最適な手順を適切に企画・実施しようとする意欲
	表現・説得力	自己の企図をわかりやすく明確に示し、説得・感化する意欲
	積極性	実行意志を堅確に保持し、積極果敢に物事に挑戦しようとする意識
	率先垂範	常に部下を掌握して、その先頭に立ちこれを先導しようとする意識
	強制力	あらゆる状況下、任務達成のため、実行を命じこれを監督しようとする意欲
品性	正義	信念に基づき、正しい活動を貫こうとする精神
	勇気	事に臨んで危険を顧みず、あらゆる困難に立ち向かう勇敢な精神
	名誉	恥を知り、自己と他者を裏切らない精神
	礼節	礼儀作法を正しくし、節度ある行動を貫く精神
	誠実謙虚	物事に誠実、謙虚かつ真摯に取り組む精神
	凛々しさ	幹部自衛官らしい溌溂とした容儀、態度、姿勢
	仁愛	部下、同僚等に対する思いやり、慈しみの心
体力・気力	堅忍持久力	困難に耐え抜いて、任務を達成することのできる体力及び意志
	不撓不屈	強靭性と粘り強さをもって、あくまで任務を遂行しようとする精神

出典：田中亨「幹部候補生学校における六大資質とリーダーシップ研究について」、『修親』2009年11月号、p.56

を「六大資質」としてまとめたものがありました。すなわち、六つの重要な「人間力」ということです。その六大資質とは、「使命感」「責任感」「判断力」「実行力」「品性」「体力・気力」の六つで、その中身はさらに具体的な精神要素に区分されています。「体力・気力」が含まれているところが、いかにも自衛隊らしいリストですが、リーダーに必要な人間力の要素を、網羅的にリストアップしたものでした。

既存のリストも、長年の経験を通じて作られたものだけあって必要な事項をよく網羅していましたが、現代社会の特性を踏まえて直ちに教育の準拠となるリストを目指し、私はプロジェクト・チームを編成して、さまざまな角度からこれを再検討させ、学校の教官全員で討議を重ねました。その結果、でき上がったリストが**表5－1**です。

注意していただきたいのは、これはあくまでも資質、すなわち「人間力」を構成する要素を列挙したものであり、「知力」については、また別に考える必要があるということです。例えば、ここで「思考力」と言っているのは、正しく思考するノウハウとしての「知力」を指しているのではなく、常に論理的、客観的に、冷静沈着に思考しようとする意欲のことを指しています。まずはこの意欲がなくては、さまざまな「知力」もリーダーの生きた力にはなりません。

さてここで次に考えなくてはならないのは、これらをリストアップした上で、それぞれの要素を養うために、具体的にどうしたらよいかです。幹部候補生学校では、本書の第2部で「知力」として述べるような内容の講義も行いますが、教育の主体は、一〇～三〇人程度の小部隊の作戦行動を実際に指揮するという、リーダーとしての体験実習です。

そこで、それぞれの実習を通じて、どの精神要素を重点的に身につけさせるかを、漏れがないように配慮しながらカリキュラムを作成するようにしました。各教官が、それを強く意識しながら訓練することで、卒業までにすべての精神要素を繰り返し教育し、本人にそれを意識させることで、資質を身につけさせようというわけです。

しかし、ここに一つ問題があります。どんな教育でも多かれ少なかれそうですが、特に「資質」を身につけさせるという場合、本人がそれを強く自覚し、教育が終わった後でも、意識的に自分を磨こうと努力をしていかなくては、本当に身にはつかないということです。

その観点から見てみると、教官は二八の精神要素のうち、今日はこの要素を重点的に教育しようと、計画を立て実行することができますが、本人としては、二八の要素を暗記して、これを毎日実践しようというのは、あまりに非現実的でしょう。

毎日の生活で常に頭の中に置き、日々自分の行いに照らして反省し進歩を約すためには、もっと強く印象に残って覚えやすいスローガンのようなものが必要なのではないか。私は、当時学校長として、その点に悩んでいました。

❖キーワードは「志、元気、素直、愛嬌」

自衛隊の中だけで、この問題を考えることに限界を感じた私は、自衛隊以外にも、リーダーを育成することを専門に考えている組織があるということに、思いが至りました。そして、ある古い友人の顔を思い出したのです。それは、互いに三〇代前半の頃、一緒に異業種勉強会に参加して知り合い、その当時は松下政経塾研修塾の塾頭をされていた古山和宏さんでした。

松下政経塾は、パナソニックの始祖である松下幸之助翁が、これからの日本のリーダーを育成するために設立した私塾です。自身も塾の第三期生で、当時塾頭を務めていた古山さんなら、私の悩みにヒントをいただけるのではないか。そう思った私は古山さんを幹部候補生学校にお呼びし、六大資質の考え方に基づく教育を見ていただいた上で、意見を求めました。

古山さんの答えは、こうでした。「いやー、松村さん。この学校は素晴らしい教育をしていますねぇ。六大資質にも、まったく同感です。でもねえ、指針として六つは多いですよ。ましてや二八なんて言語道断です。それに、言葉が固い。もっとすっと頭の中に入ってきて、覚えやすい指針じゃなくてはいけません」。そして、参考にと、次のようなエピソードを話してくれたのです。

日本を背負う未来のリーダーを育成するという政経塾の目的を達するためには、塾生として、それに見合う人材を採用しなくてはならない。それでは、そのような人材をどのような基準で選ぶのか。政経塾初期には、松下翁自身が直接面接をしていた。ある人が、その基準を尋ねると、開口一番、「まず運が強い人」、そして次に「愛嬌がある人」と答えたという。いかにも松下翁らしい含蓄に富むリーダーの基準である。

だが、困ったことに、塾設立の一〇年後に松下翁は亡くなってしまい、残された塾のスタッフは困惑した。愛嬌というのは、人を惹きつける力として、何となくイメージできる。しかしながら、面接で「運が強い」人を見分けるにはどうしたらよいのか。そこでスタッフが集まって、松下翁が生前話していたことを手掛かりに、徹底的に議論した結果、「志」「元気」「素直」の三つのキーワードに絞り込むことで意見が一致したのだった。

古山さんがおっしゃるには、まず**「志」**。リーダーとして心に期すところがなくては始まりません。それを前提とした上で、**「元気」**で、**「素直」**で、**「愛嬌」**がある。この三点をリーダーに必要な資質だと考えれば、誰にでもわかりやすいので、それを塾生候補者にも、すでに塾生になった者にも説いているのです、とのお話でした。

この話を聞いて、私は、はたと膝を打ちました。「志」「元気」「素直」「愛嬌」という四つの言葉は、平易で覚えやすく、それでいて私たちが考えていた六大資質を、余すところなく表現し尽くしているのではないかと、即座に思ったからです。

「使命感」「責任感」というのは、まさにリーダーとしての『志』にあたります。「実行力」と「体力・気力」は、『元気』という言葉で代表することができるでしょう。そして、濁りのない目でありのままに状況を判断して私心なく決断する「判断力」や、公明正大な「品性」は、『素直』という言葉に凝縮され、「品性」の中で人を惹きつける人間としての魅力は『愛嬌』という言葉で象徴できます。

そして何より、この四つの言葉は覚えやすい。それればかりでなく、各人が自己研鑽を積む上で、毎日、自身で今の自分を評価するチェックリストとしても使えると思ったのです。

「今日の自分は、自分で立てた『志』を見失っていなかったか」、「一日、『元気』を持って行動できたか」、「人の言うことに『素直』に向き合えたか」、「『愛嬌』を忘れずに明るく振る舞えたか」といった具合です。そして、「志を思い出せ」「元気を出せ」「素直になれ」「愛嬌を忘れずに」と、常に自分自身の指針となって、迷わずに行動させてくれる言葉でもあります。

これこそ、私が求めていた、資質の自己陶冶のためのスローガンにぴったりだと思いました。

それ以来、私は、幹部候補生学校長として、師団長として、そして方面総監として、学生や隷下の指揮官たちに、日々の自分の行動を点検するチェックリストとして、この「志、元気、素直、愛嬌」を忘れないようにと説いてきたのです。

❖リーダーとして実は大事な「愛嬌」

それでは、前章まで述べてきた内容を、このチェックリストと比較してみましょう。

「即、実行」で信頼を勝ち取ることと、常にポジティブであること、この二つは「元気」をチェックする時に、その内容として思い出してもらえればよいでしょう。また、一人一人を輝かせるためには、リーダーの強い「想い」、すなわち「志」こそ大事だというのは第2章で述べた通りです。よく聞いて感謝することは、そのまま「素直」であることだと言えると思います。そこで残るのが、「愛嬌」です。

「愛嬌」は、常に周囲をポジティブにさせるためにも大事ですが、それだけにとどまりません。松下翁が「運が強い」ことと並べて人材を見抜く要件の二つ目として「愛嬌」を挙げたことに、深い真理が含まれているのだということを、私も六〇歳近くなった今、やっと理解できるようになった気がします。

「愛嬌」とは、すなわち人間を惹きつける力です。人間的魅力と言ってもよいでしょう。リーダーとして、申し分のない「知力」を備えており、「人間力」の面でも、確固たる志を持って、いつも元気で素直に振る舞う立派な人間であったとしても、人間性としての「愛嬌」なしには、最後まで人を引っ張っていくことはできません。

「愛嬌」は、リーダーがチームのメンバーをまとめ上げて引っ張っていく時に、個人と個人の間を接着する「つなぎ」のようなものなのです。そば粉だけでそばを打つのが難しいため「つなぎ」として小麦粉を使いますが、リーダーに「愛嬌」が足りないと、チームは「つなぎ」不足で、バラバラに崩れやすくなります。

しかし、人の「愛嬌」というものは、多くは生来の性格によるものであり、今さら努力して変わるものではないと思う方も多いでしょう。確かにそのような面は多々あり、だからこそ松下翁も人材を見抜く要件にしていたのだと思います。

それでも私は、リーダーになる者は、意識してその人間性の幅を広げ、「愛嬌」を身につける努力をすべきだと、あえて言いたいと思います。もちろん、他人を惹きつけようと、打算で面白い人間ぶるというのでは、逆効果です。そのような「受け狙い」という意味ではなく、日頃から自分自身のすそ野を広げ、仕事などの一分野だけではなくて、人間としての多様な側面をできるだけたくさん持つことが、その人の人間味を豊かにし、「愛嬌」につながっていくのではないかと思うのです。

例えば、私が一〇〇人弱の隊員を束ねる中隊長という役職についていた時、その下で二〇人程度を束ねる小隊長というリーダーをしていた一人に、何をやってもうまくはないけれど、とにかく何にでもチャレンジするという人間がいました。釣り、ゴルフ、スキー、山登り、茶道と、誘われれば「それ面白そう」とどこにでも行き、下手な絵をかいては皆に見せて回り、飲めば音痴のカラオケを歌いまくるという具合です。その甲斐あって、彼が率いる小隊はいつも明るく、生き生きとした雰囲気に満ちていました。

また、「愛嬌」の重要な要素は、ユーモアでもあります。深刻な困った状況にある時ほど、リーダーのユーモアある一言が、チームをポジティブな気持ちに引き戻してくれるということは、よくあることです。私もイラクにいた時、朝礼で皆の顔を見て、「今日は疲れているな」とか「今日は緊張しているな」と一目でわかるような日が時々あり、そのような時には、皆を爆笑させるようなネタを何とか探し出して、朝の一言にしていました。

私の言葉にどれほど効果があったのかはわかりません。それでも、リーダーとして常に「愛嬌」を忘れずにいること、明日の自分がより「愛嬌」ある人間になれるように、幅を広げることがとても大事だということは、今自信を持って言えます。

この「愛嬌」の大切さは、意外と若い時にはわかりにくいものです。「愛嬌」があるに越したことはないとは思いますが、そのために、ことさら今の自分を変えようとまでは思わないというのが、普通かもしれません。

それでも、自分がメンバーとしてリーダーを見た時、リーダーの「愛嬌」に救われたり、それによってやる気が出たりという経験は、多くの人が持っているのではないかと思うのです。その時、「あっ、自分もこういう人間になれたらいいな」と感じることを大切にして欲しいのです。少しずつでも、その人間性を自分の中に取り入れていく努力を続けていけば、将来の自分に対する大きな投資となることは、間違いありません。

今リーダーである皆さん、これからリーダーになろうという皆さんは、ぜひ日々「愛嬌」を意識してください。これが、リーダーの「人間力」を論じた第1部の、締めくくりの言葉です。

第2部

「知力」を上げる

第6章　チームの「地位・役割」を自覚せよ！

❖リーダーに必要な「知力」

第1部では、メンバーを心服させてチームをまとめていく、リーダーの人間力について、話をしてきました。これは、リーダーとしてとても大切なものです。

とはいえ、人間関係が良好でモチベーションが高いチームを作るということは、あくまでも手段であり、その上で何をするかが、本当の問題です。いくら雰囲気の良い職場であっても、仕事で成果を挙げられなくては、意味がないでしょう。そう考えると、組織をまとめ上げる人間力だけではなく、チームとして成果を上げるためのスキルとしての知力も、リーダーに求められる能力であることは当然です。

このリーダーに求められる知力とは、いわゆる「仕事ができる」能力なので、その職場が工場のような生産現場なのか、販売の店舗なのか、はたまた会計処理か、広告宣伝か、あるいは学校、病院かなどによって、そのスキルは千差万別で、一言にリーダーの知力としてまとめることなどできない、と思う方も多いでしょう。

しかし、ここでテーマにしているのは、芸術家のような一匹狼での仕事ではなく、チームで行う仕事です。チームとして良い仕事をするためには、リーダーは直感だけでメンバーを振り回すのではなく、根拠に基づいて判断し、皆を納得させながら、的確に任務分担をして、仕事を進めていかなくてはなりません。このために、あらゆるリーダーに共通して必要な「知力」こそ、この第2部のテーマなのです。

自衛隊の指揮官は、極めて限られた短い時間のなかで、今自分のチームが置かれている状況を正しく判断して、最良の結論を導き出さなくては、チーム全員の命が危うくなるという、厳しい状況におかれています。

したがって、指揮官たる者は誰であっても、最低限間違えることなく筋道だった判断をして、部隊を引っ張っていけるよう、指揮官になる前に徹底的な訓練を受けるのです。その基本となる判断の手順は、体系的なマニュアルにまとめられており、その教育を受けた上で、千差万別の状況にこれを適用して部隊を指揮するという訓練を繰り返すことになります。

このなかには、組織の目的を達成するために、リーダーが踏むべき考え方の手順についてのエッセンスが詰まっています。ゆえに、その内容を理解していただくことは、自衛隊とはまったく異なる職種のリーダーにも、間違いなく役に立つものです。そこで、この第2部の以下の各章で、その内容について、一つ一つ順を追って説明していきたいと思います。

❖最初に「任務分析」

自衛隊の部隊が何らかの任務を与えられた時、その部隊の指揮官が最初に行うのが「任務分析」です。与えられた任務を、ただその言葉だけ表面的にとらえるのではなく、まずは、大きな全体像のなかで自分の部隊がおかれている立場がどのような**「地位」**にあるのか、作戦全体においてどのような部分の**「役割」**を分担しているのかをはっきりさせます。その上で、その役割を最も効果的に果たすためには、最低限何をしなくてはならないか、さらに何ができればより望ましいかを具体的に導き出していき、今後行う一連の判断の基準とするわけです。

抽象的な話だけでは、なかなかわかりにくいので、この第2部では、各章共通の一つのモデル事例を用いて、自衛隊におけるリーダーの判断手順を説明していきたいと思います。

主人公は、太平洋沿岸のA県B市に駐屯している陸上自衛隊のC連隊を指揮するM連隊長です。連隊というのは、一般に一〇〇〇人弱規模の部隊で、連隊長の下に一〇〇～二〇〇人規模の六個程度の中隊があります。つまり、それぞれの中隊を指揮する六人の中隊長がM連隊長の下で部隊を指揮しているのです。また、M連隊長を補佐する数十人規模の連隊本部には、人事、情報、作戦、後方補給などの専門スタッフが揃っています。M連隊長は、連隊全体一〇〇〇人の指揮官でもありますが、これからお話しする一連の判断にあたっては、一緒に判断のための仕事をするこの数十人のスタッフのリーダーということになります。

さてこの話は、二〇二X年五月一一日午前一〇時二五分、かねてから心配されていた南海トラフ大地震が発生、A県を含む太平洋沿岸地方を巨大津波が襲い、甚大な被害が発生したところから始まります。M連隊長の指揮するC連隊は、大規模災害が起きた時にはA県全域の災害派遣を行う、と平素から定められていますので、地震発生の瞬間、これがC連隊に自動的に与えられた任務となりました。

キャビネットが倒れて床に書類が散乱し、壁の亀裂から噴き出した砂ボコリがもうもうと舞う連隊長室で、M連隊長は一瞬呆然としたものの、すぐに我を取り戻し、大声で全スタッフの作戦室への集合を指示するとともに、自分も作戦室へと急ぎながら、その頭の中は急速に回転していた。

このような緊急事態においてこそ、まずは冷静になってしっかりした思考の手順を踏まなくてはならないということを、M連隊長はこれまで二〇年にわたる自衛隊勤務で嫌というほど叩き込まれてきたのだ。

「まずは、任務分析だ」

天井板の一部がぶら下がり、ガラスの破片が散らばる歩き難い廊下を小走りで駆け抜けながら、M連隊長の脳裏に浮かんだのは、このことだった。

防衛大学校を卒業して自衛隊に入隊して以来、繰り返し叩き込まれてきたのが、「任務をもらったら、たとえ時間がなくても、まず任務分析を行え」ということだったからだ。M連隊長の頭は、早速動き始めた。

「まずは、自衛隊全体の中でのC連隊の地位だ。この隊舎内の様子からすると、このB市が最も被害が大きい地域の一部であることは間違いないだろう。だとすればC連隊の地位は、第一に、被災地に最初に出動して初動の人命救助に当たる部隊だ。そして忘れてはならない二つ目の地位が、今後全国から続々と集まってくる増援部隊を受け入れる立場にあるということだ」

このように、何かを始める時に、リーダーがそのチームだけのことを超えた全体像のなかで自分のチームの地位を見定めるというのは、非常に重要なことである。この最初のところで、間違えたり、見落としがあったりすると、この後、チームのメンバーがいかに一生懸命仕事をしても、それがムダになったり、二度手間になったりしかねない。メンバーの努力を無にしないため、リーダーはまずチームが全体のなかに占める地位を、しっかりと見定めなくてはならないのだ。

【表6-1】C連隊の「地位・役割」

C連隊の地位(当初)

被災地に最も近く、最初に出動して人命救助を行う部隊

全国から集結する増援部隊を受け入れる立場の部隊

C連隊の役割(当初)

人命救助部隊として

◎人口密集地域での負傷者等の救助
◎津波予想地域での避難誘導、孤立者の救助

人命救助+増援部隊受け入れ部隊として

◎広範囲の被害状況の収集
◎受け入れ経路の偵察
◎県・市との連絡体制の確立

屋根が落ちて渡り廊下が通れないのを見て取ったM連隊長は、作戦室がある隣の棟に向かうため非常口から外に出た。周囲の住宅地から煙が幾筋も立ち上がっているのを目にしながら、「この二つの地位を踏まえて、C連隊の役割は何か」と、頭は回転を続ける。

「人命救助について、ビルが建ち並び人口が密集しているB市市街地では、瓦礫からの負傷者救出が急務だ。沿岸部では大津波の可能性が高いから、まずは避難誘導、発災後は孤立者救助だな」

ゆがんだドアをこじ開け、隣の棟に飛び込む。

「増援部隊受け入れのためには、増援の優先順位を決めること。そのために、まず被害情報をできるだけ集めて上級司令部に報告しなくては。受け入れ経路が使えるか、偵察も必要だ。県庁や周辺各市の市役所ともまずうちの連隊が連携した上で、増援部隊に引き継がなくてはいけないな。もちろん、これらは人命救助のためにも重要だ」

ここまで考えたところで、やっと作戦室に到着。部屋に駆け込むなり、先に部屋に集まっていた連隊本部のスタッフの何人かに向かって、大声で今考えた連隊の「地位・役割」を告げると、スタッフの一人がすかさずコンピュータに入力した。スクリーンに箇条書きになった項目が並ぶ（表6－1）。

今まで興奮してあわてふためいていたスタッフも、それを見て落ち着き、それぞれがやるべきことに取りかかり始めた。まずリーダーがチームの地位と役割を明確にすることで、メンバー全員が共通の認識を持って、効果的・効率的に仕事ができるようになるのだ。

そうしている間にも、続々とスタッフが作戦室に集まってくる。人事、情報、作戦、後方補給の主要四部門のスタッフとそれぞれを束ねる四人の科長がすでに集まっていることを確認すると、M連隊長はこのように切り出した。

「連隊の地位・役割はスクリーンの通りだが、何か抜けはあるか?」

作戦を所掌する第三科長がすぐに反応する。

「当面の役割は、人命救助と増援部隊の受け入れですが、それと並行して避難者に衣食住を提供する生活支援の準備も進めなくてはならないと思います」

「うん。まずは人命救助だが、その役割も忘れてはならないな。人命救助が一段落した後は、むしろそれが主体になるだろう」

M連隊長はうなずいて、スクリーンの修正を命じた。

自衛隊の任務分析においては、部隊の地位と役割を明確にした後、次に具体的に達成すべき目標を確立する。これは、「必ず達成しなくてはならない目標」と「達成することが望ましい目標」に区分され、後者については必要に応じ優先順位を明らかにするという手順を踏むのだ。

M連隊長は続けました。

「まず、必ず達成しなくてはならない目標は、今後七二時間の間に、増援部隊と協力して、できる限り多くの人命を救助することだ」

災害発生後の七二時間は人命救助に集中すべき最も大事な時間だと言われている。M連隊長は、この時間内にできるだけ多くの人命を救助するという、もっとも大切なコアになる目標を見失わないよう、これをスタッフに明示したのだ。

その後、M連隊長とスタッフが整理した目標リストは、次ページの表6‐2の通りです。これで、今から連隊が取りかからなくてはならない大規模な活動の全容が明らかになりました。

時間のないなかでは、一見まだるっこしいようにも見えますが、リーダーにとって、この任務分析というのは、非常に重要です。自分のチームだけでなく、全体を見た上での地位と役割の理解、そしてそれを前提としたチームの目標の明確化、これを最初に行うかどうかで、その後のチームのパフォーマンスは、大きく変わってくるのです。

ここでは、思考手順がわかりやすいように、何も準備していないなかで突発的に起きたことにM連隊長が対応するシナリオにしていますが、もちろん南海トラフ大地震のように、予想されている大災害に対して、自衛隊では予め対処計画を作っています。

【表6-2】C連隊が具体的に達成すべき目標

必ず達成しなくてはならない目標

72時間の間に、増援部隊と協力して、できる限り多くの人命を救助する

達成することが望ましい目標

より早く、より多くの被害状況を明らかにして、効果的な救助に資する

より早く、各経路の状況を明らかにして、救助部隊の円滑な前進に資する

県・市・警察・消防・海保等の関係諸機関と連携して効率的な救助を行う

避難する住民が混乱なく円滑に避難所に移動できるよう誘導し、必要な場合は輸送手段を提供する

ヘリコプター等、より効果を得られる機能を上級部隊に要求する

増援部隊に、より多くの情報を提供するとともに、可能な限り経路誘導して円滑に被災地に到着させる

まずは人命救助を優先しつつ、避難者に対する衣食住の生活支援を行うための準備に、できるだけ早期に着手する

実際には、その計画を作る際に、今ここで紹介しているようなシミュレーションを指揮官とスタッフ間で繰り返し行い、計画を作成していくのです。そして、その際に最初に行うのが、この任務分析というわけです。実際に事態が起きた時には、計画を作った時の任務分析に変更を加えなくてはならない変化はないか、それを短時間でチェックするということになります。

❖リーダーとして抜かしてはならない大事な第一歩

ここまで自衛隊の災害派遣の例で説明しましたが、一般の職場でも、リーダーとして「まず任務分析をする」ということは、とても大事です。

例えばあなたが、ある工場の労働災害ゼロを目指すプロジェクト・チームのリーダーを任されたとします。最初に行うべきことは、メンバーに向かっていきなり「何かいいアイデアはないか」と問うことではありません。まずは、このプロジェクト・チームの地位と役割、そして達成すべき目標を明確にして、メンバーの認識を揃えることなのです。

最初に、プロジェクト・チームの地位です。「あなた個人が所属している組立部門だけではなく、工場の各部門すべてにわたって労災を失くすプロジェクトである」、「五年前に同様のプロジェクト・チームが立ち上げられ、その成果として今行われている対策があることを踏まえ、それに加えて今後少なくとも数年間実施していく対策を打ち出すプロジェクト・チームであ

【表6-3】労働災害ゼロ・プロジェクトチームの任務分析

地位

工場内の各部門すべてに適用する労災防止策を立案するチーム

5年ぶりに組織され、今後数年間実施する対策を立案するチーム

役割

今後数年間実施する労災防止のための具体的対策案を案出する

案出した具体的対策案を実行に移し定着させる

活動のプロセスを通じて工場内全員の労災防止意識を向上させる

チームのメンバーが各職場で今後の労災防止の核となるよう養成する

具体的に達成すべき目標

必ず達成すべき目標

◎工場全体として、今後数年間にわたって労働災害を削減できる具体的な対策を複数導き出して、実際に実行し定着させること

達成することが望ましい目標

◎対策を導き出すプロセスに、できるだけ多くの人達を巻き込み、工場勤務者全体としての意識の向上を図る
◎共通対策の他、各部門毎その特性に応じた対策をきめ細かく実行する
◎チームのメンバーが労災防止の担当者としての知識技能を高め、今後各部門での推進力となっていけるよう個人の能力を向上する

る」等々、自分たちが置かれている立場をはっきりさせるのです。

次は、その地位から導き出される役割です。「工場内のすべての部門を通じて、労災を防止するための具体的対策を案出すること」「アイデアを出すだけではなく、それを実行し定着させること」、「プロジェクト・チームの活動のプロセスを通じて、工場に勤務するすべての人々の労災防止意識を高めていくこと」「プロジェクト・チームのメンバー一人一人が、チーム解散後もそれぞれの部署の労災防止を推進していく中心となれるようにしていくこと」など、考えられる役割をすべて挙げて、これからの仕事に抜けが出ないようにするというわけです。

このように、工場の業務全体のなかに占めるプロジェクト・チームの地位・役割を大所高所から明らかにした上で、チームが具体的に達成すべき目標を明確にしていきます。そのなかでも核となる「必ず達成すべき目標」は何か。リーダーとして熟考した上で、メンバーの意見も聞き、「工場全体として、今後数年間にわたって労働災害を削減できる具体的な対策を複数導き出し、実際に実行し、定着させること」という結論に達しました。

それでは、それ以外の「達成することが望ましい目標」は何か。「対策を導き出すプロセスに、工場で働くできるだけ多くの人たちを巻き込み、意識の向上を図る」「工場全体としての大きな対策以外にも、各部門の特性に応じた対策を限りなくきめ細かく実行していく」「プロジェクト・チームのメンバーが労災防止のプロとしての知識技能を高め、今後各部門での推進力となっていけるよう努力する」など目標を列挙し、必要があればそのなかで優先順位をつけていくのです。その結果、完成した任務分析が、102ページの表6-3です。

このように、最初にリーダーが自らの頭の中で「任務分析」をした上で、それをメンバーにも考えさせることにより、チーム全体として二度手間になることなく、スムーズに、そして漏れなく、やるべきことに取りかかることができるというわけです。「まず任務分析！」。これが重要なのです。

第7章 「リスク状況」も分析せよ！

❖情報集約・共有のノウハウとしての「見積り」

さて、的確な「任務分析」によって、リーダーとスタッフの間の認識の統一ができたら、次に必要なことは何でしょうか。

チームが一丸となって任務に立ち向かうためには、まず必要なあらゆる情報を集めて共有。その分析を行った上で、リーダーが方針を決定。これをメンバーに周知徹底するというのが、最も効率的なプロセスであり、自衛隊でもこの手法をマニュアル化しています。

ここからその考え方に沿って、本章では必要な各種の情報をいかに効率的に集約・共有するかについて、次章ではその共有された情報をもとにいかに迅速的確に方針決定するかについて、リーダーとして知っておくべきスキルを解説していきたいと思います。

まず情報の集約・共有についてですが、自衛隊というのは、国土防衛を第一の任務とする組織ですから、情報という言葉を、もっと狭く「敵に関する情報」という意味で使っています。

本書は軍事関係の本ではないので、より一般的に、人事やロジスティックスなど、これからチームが行う仕事に影響する要因に関する情報をすべて含めたものとして、情報という言葉を使っていきたいと思います。混乱しないように、自衛隊で狭い意味で使われている「情報」という言葉は、本書では「敵情」と表記することにします。

一般的に自衛隊の司令部スタッフは、分野ごとのセクションに分かれています。「人事」、「敵情」、「作戦」、「補給・輸送などのロジスティックス（兵站）」が大きな四つの分野で、他に司令部の規模によって、通信、衛生、会計、法務などの専門スタッフがいることもあります。

自衛隊では、必要な情報を集約・共有するとともに、特に整理されたコンパクトな情報という形で、リーダーの頭に効率よくインプットするツールとして、「見積り（estimate）」というフォーマットを使います。

各セクションは、「任務分析」が終わると、それぞれの専門分野において現在の状況を把握し、それが今後のチーム全体としての任務達成にどのような影響を及ぼすか分析する「見積り」という作業を実施します。これは、セクションごとに、「人事見積り」「敵情見積り」「作戦見積り」「兵站見積り」などと呼ばれています。

リーダーとしてチームを導いていくにあたって、何らかの方針決定をしなくてはならない時、最善の決定をするには、まず現在の状況をできるだけ正確に把握することが不可欠です。

正しい現状認識を大前提とした上で、将来を的確に予測し、チームの方針を決定していかなくてはなりません。このために分野ごとに行うのが「見積り」であり、正しい判断をするには、非常に重要なプロセスです。

自衛隊の司令部のように、各専門分野のスタッフが揃っている場合には、各セクションが同時並行的にそれぞれの専門の「見積り」を行い、結果を指揮官にブリーフします。そうすることで、短時間で抜けなくすべての状況を把握し、最善の判断を下す基盤を整えることができるわけです。またこれによって、各専門スタッフ間の横の情報共有もできる、まさに一石二鳥の手法です。

では、このような専門分野として、どのようなものが考えられるでしょうか。会社内のプロジェクトチームや、任意団体のサークルなどのリーダーとして、一般的に考えられるのは、企画、人事、会計、ロジスティックス（物の補給や輸送など）ではないかと思います。自衛隊でもおおむね同じなのですが、特徴的なのは、情報のなかでも特に「敵情」の収集・分析が重要だということです。

ここであえて私が強調したいのは、自衛隊以外の一般のチーム作業においても、リーダーとなる方はぜひ、この「敵情」分析を行うセクションを設けて欲しいということです。

もちろん、一般の仕事に「敵」というものはいないでしょう。仕事によっては、ライバル会社の動向や、対象とする市場のマーケティング情報などが「敵情」にあたることもあるかもしれません。しかしながら、ここで私が言いたいのは、どのようなことをする場合でも、チームの任務達成を阻害するような外部の要因、いわばリスクがあり、これについての「見積り」をやっておかないと、後になって二度手間になったり、不測の事態に対処できず、チームの任務達成が不可能になったり、大きな遅れにつながったりするということです。

人事、会計、ロジスティックスなどの情報は、自分の側の、いわば「内側」の情報です。現在自分のチームが使える資源を正しく評価し、足りなければ要求あるいは調達するための基礎になる情報です。これらをきちんと把握できれば、チームの方針を立てることができそうな気がします。

しかし、どのような仕事やプロジェクトであっても、チームは自身を取り巻く環境のもとでそれを行うわけであり、その仕事の成否が外部要因によって左右されることを排除できません。そうであるならば、外部の阻害要因についても、予め情報を集約・分析して、予想されるリスク状況の推移を見積もっておく必要があるのです。

これは、自衛隊では「敵情見積り」ということになりますが、より一般的には、**「リスク状況に関する見積り」**と考えればよいと思います。

各担当スタッフによる見積りは、ほぼ同時並行的に行われますが、各分野の見積りは、常にこの「リスク状況に関する見積り」の結論を意識しつつ、それに対応するために、何を準備しておけばよいかに焦点を当てます。そうすることで、リーダーに対しコンパクトで、かつ的を射たインプットをすることができるのです。

❖「見積り」の手法

この「見積り」という手法が、単なる情報の持ち寄り・共有と異なるのは、必ずコンパクトな「結論」を含んでいることです。これは、それぞれの担当分野の情報を分析した結果として、それがチームの任務達成に及ぼす影響を、一定のフォーマットに沿って記述することで、リーダーや他のメンバーが、効率よく頭を整理できるようにする効果を持っています。

それでは、具体的に、自衛隊のマニュアルをもとに、私が一般向けに改良したフォーマットを紹介しましょう。

まず、「見積り」には、前述したように、チームにとって外部要因であるリスク状況を分析する「リスク状況に関する見積り」と、チーム内部の現状と今後を分析する「人に関する見積り（自衛隊では人事見積り）」や「物に関する見積り（自衛隊では兵站見積り）」など、大きく二つの種類があります。

順番に説明します。わかりやすいように、前章で例として使用した、工場の労働災害ゼロを

【表7-1】リスク状況に関する見積り

第1段階

リスク状況の列挙(以下をもれなくすべて列挙)

◎生起の可能性が大きい主要なリスク状況
◎可能性が小さくとも起きた場合に影響が大きい特異なリスク状況

第2段階……▶ 結論

① リスク状況が起きる可能性の順位

(主要なリスク状況について、兆候と論理的予想から起きる可能性を順位付け)

② チームの任務達成に重大な影響を及ぼすリスク状況

(起きる可能性は小さくとも、万が一起きた場合には致命的なリスク状況を明確化)

③ リスク状況を克服する上でのチームとしての強み

(リスク状況との関係においてチームが有していると思われる有利な点を明確化)

目指すプロジェクト・チームの例を使いましょう。

最初は「リスク状況に関する見積り」です。表7－1を見てください。第1段階では、今後チームのプロジェクトを阻害するような状況として考えられるものを、思いつく限りすべて列挙します。この際、「リスク状況」という耳慣れない言葉を使っているのは、単にリスクとなる要因として、「社員の無関心」とか「管理者の無理解」などと列挙するのではなく、そのリスクがどのように起こるのかという状況も含めてイメージしておく必要があるからです。

例えば、「社員一人一人の注意を引きつけることができず、プロジェクト・チームの発信が空回りする」とか、「労働災害の防止を重視したために作業効率の低下を招き、管理者側の理解を得られない」など、具体的な状況をイメージするのです。これにより、次章で説明する行動方針の分析をリアルに行うことができるようになるのです。

列挙にあたっては、いかにも起こる可能性が高い主要なリスク状況のほか、たとえ起きる可能性は低くても、起きた場合に極めて重大な影響があるような特異なリスク状況も、すべて挙げるようにします。この例で言えば、「会社の経費削減の一環として、途中でプロジェクト・チームが解散される」というような状況になるでしょうか。

次に、それぞれの状況推移について、具体的な内容、起こる可能性、プロジェクトへの影響度などをよく分析した上で、第2段階の結論のフォーマットにまとめます。結論は、大きく三つに分かれます。（1）リスク状況が起きる可能性の順位、（2）チームの任務達成に重大な影響を及ぼすリスク状況、（3）リスク状況を克服する上でのチームとしての強みの三つです。

（1）を導き出すにあたっては、現在すでに見られる兆候と、論理的に予想される程度の両面から判断します。これは、次章でチームの行動方針、例えば、小さな対策を網羅的に数多く打ち出す（第1案）か、象徴的な一つの対策に焦点を絞る（第2案）か決めるための分析の際に、最も心配しなくてはならない状況は何かを明らかにしてくれます。

（2）は、まず起こりそうではないとしても、万が一起こった時に不意を突かれないよう心づもりしておき、行動方針が決まった後に、その対策についても抜けがないように準備しておくため、重要です。

また（3）は、リスク状況を乗り越えていく上での、自分たちの強みを認識させてくれ、これも次章での分析に役立ちます。例では、「プロジェクト・チームが社長室直属の独立したチームである」ということは、チームの強みになるでしょう。

チーム外部の「リスク状況に関する見積り」の説明はここまでとし、次にチーム内部の現状と今後に関する「人に関する見積り」「物に関する見積り」などについて説明しましょう。その他、必要に応じて「会計見積り」「法務見積り」など、チーム内の特定の分野に関する見積りも、同じ要領で実施できます。

次ページの表7－2に、これらの見積りに用いるフォーマットを示しました。第1段階では、それぞれの分野について現況が一目でわかるようにまとめます。この際、特定の形式にこだわるよりも、その分野の特性に合わせて、表やグラフを用いて、一目でわかるように表現するのがよいでしょう。

次に、チームの任務達成という観点から、現況と今後の推移を分析した上で、第2段階の結論として、「チームの任務達成に及ぼす影響」を端的に記述します。今後、リーダーは、ここで指摘された点に特に気をつかえばよい、というわけです。この分析にあたっては、「リスク状況に関する見積り」の結論を意識し、不利な状況推移になった場合、それぞれの分野で注意すべき事項を考えながら、結論を出す必要があります。

❖「見積り」の具体的効果

リーダーとして、このようにチームを有効に組織、活用して、任務達成に必要な情報を効率的に、要領よく頭にインプットすることは、その後のチームのパフォーマンスを高めるために、非常に重要なことです。と言っても、このような抽象的な話では、イメージが湧かないでしょうから、前章でも使った南海トラフ大地震に遭遇したM連隊長の例で、このプロセスを見てみましょう。

【表7-2】人に関する見積り、物に関する見積り等

第1段階

人(物)に関する現在の状況

(チームとしての使用可能な人(物)の現況と今後の推移を表やグラフで分かりやすく表現)

第2段階……▶ 結論

人(物)の要因がチームの任務達成に及ぼす影響

(チームの任務達成という観点から、リスク状況への対応も意識して分析した影響を明確化

「任務分析」の結果完成した目標リスト（表6－2、100ページ参照）を前に、M連隊長は、大声で作戦室に集まったスタッフに指示した。

「よし、これで今後の連隊の行動に関する認識の統一ができた。それぞれのスタッフは、各中隊が出動準備をしている間に、直ちに見積りに取りかかれ。一五分後に報告せよ。かかれっ」

一五分後。再び作戦室に集合したスタッフ。M連隊長は、まず「災害状況に関する見積り」の報告を求める。パワーポイントのスライド（次ページの表7－3）が映し出されたスクリーンを前に、直ちに報告が始まった。

「考えられる今後の予想災害状況を列挙します。主要なものとして、①大津波による沿岸部への甚大な被害の発生、②市街地部における大火災の発生、③大規模余震またはさらに大規模な本震の発生が考えられます。特異なものとしては、④隣接するD町に所在する原子力発電所における非常事態、⑤B市北部に所在するEダムの決壊によるE川沿いの浸水被害の発生、⑥まだ判明していない山岳部の道路寸断による孤立地域の発生が挙げられます」

「災害状況に関する見積りの結論です。状況推移の可能性ですが、最も可能性が高いのが①の津波です。すでに一部で引き波の兆候が観測されており、気象庁は震源とマグニチュー

【表7-3】C連隊の「災害状況に関する見積り」

1 今後さらに予想される災害状況の列挙

主要な予想災害状況

①大津波による沿岸部への甚大な被害の派生
②市街地部における大規模火災の発生
③大規模余震またはさらなる大規模本震の生起

特異な災害状況

④D町所在の原子力発電所における原子力非常事態
⑤Eダム決壊によるE川沿いの浸水被害の発生
⑥山間部の道路寸断による孤立地域の発生

2 結論

(1) **起きる可能性の順位**

①の可能性が極めて大(兆候：引き波観測、論理的予想：過去事例、警報)

(2) **任務達成に重大な影響を及ぼす災害状況**

④原子力非常事態(周辺での救難に影響、専門能力を含む出動要請の可能性)

(3) **有利な点**

市街地における鉄筋建築ビルの倒壊なし

(注)説明のため、実際に自衛隊が用いる見積りを大幅に簡略化して表記

ドから判断して、先ほど大津波警報を発令しました。次に、『わが任務達成に重大な影響を及ぼす災害状況』ですが、④の原発災害について、万が一発生した場合には、周辺での人命救助活動に大きな影響が出る可能性、専門能力を含む出動要請の可能性があります。連隊にとって有利な点としては、今のところB市市街地に所在する鉄筋建築のビルについて、倒壊は報告されていません。以上です」

大きくうなずいたM連隊長は、「よし、次に人事と兵站について、今報告があった状況に対応することを念頭に、影響がある事項に焦点を絞って端的に報告せよ」と命じ、まず人事スタッフがこれに応じる（次ページの表7－4）。

「人事見積り（人に関する見積り）を報告します。現在直ちに出動できる人員は連隊全体で七五六名です。地震による負傷者は五名。内一名が右足骨折で治療中です。第三中隊が演習の代休中だったため現在非常呼集中であり、八割が集合完了するまで、二時間と見積っています。他の中隊の人員は、直ちに出動可能です」

「人事見積りの結論です。沿岸部を担任区域とする第三中隊の出動には時間を要するため、津波避難対応には他の中隊の運用が必要です。他に、任務遂行に影響を及ぼす事項はありません」

続いて、兵站スタッフだ（119ページの表7－5）。

【表7-4】C連隊の「人事見積り」

1 人事の状況

	所属人員	不在人員	負傷者	出動可能人員
本部管理中隊	205	15	1(右足骨折)	189
第1中隊	152	6	1(軽傷)	145
第2中隊	148	4	1(軽傷)	143
第3中隊	156	129	不明	27
第4中隊	155	7	2(軽傷)	146
重迫撃砲中隊	112	6	0	106
連隊合計	928		5	756

2 結論

第3中隊の担任区域には、他の中隊の運用が必要

(第3中隊の勢力が80%に達するまでの所要時間:2時間)

(注)説明のため、実際に自衛隊が用いる見積りを大幅に簡略化して表記

【表7-5】C連隊の「兵站見積り」

1 状況

(1) 主要装備品の可動率　100%

(2) 補給品の現況

	保有数	部隊所要数	提供可能数
燃料(軽油)	6.8kl	3日間 6.7kl	0.1kl
非常用糧食	18000食	3日間 8200食	9800食
毛布	2400枚	−	2400枚

2 結論

(1) 当面の活動に兵站上の制約なし

(2) 3日を超える活動については、補給について上級部隊と調整の必要あり

(3) 毛布と糧食については、直ちに避難所への提供が可能

(注)説明のため、実際に自衛隊が用いる見積りを大幅に簡略化して表記

「兵站見積り（物に関する見積り）を報告します。連隊の車両等主要装備品の可動率は一〇〇％で問題ありません。現在駐屯地に備蓄されている燃料と非常用糧食は、連隊の活動三日分です。被災者に提供可能な物品は、毛布二四〇〇枚と非常用糧食九八〇〇食です」

「兵站見積りの結論です。当面の災害派遣活動に、兵站上の問題はありません。、四日目以降の燃料と糧食については調達の目途がないため、上級部隊との調整が必要です。また、毛布と非常用糧食については、直ちに避難所への提供が可能です」

報告を受けたM連隊長が続ける。

「現在の状況はわかった。これをもとに、作戦スタッフは直ちに部隊運用案を策定して報告せよ」

実際に自衛隊の部隊で行われている各種「見積り」をかなり簡略化して紹介しましたが、イメージしていただけたでしょうか。

もちろん、この見積りのやり方は、あなたがどんなことを任務とするチームのリーダーなのかによって、大きく変わってくるでしょう。

別の例として、あなたが、地域で高齢者介護を支援するボランティア団体のリーダーだとします。何か大きな方針を決める前には、「リスク状況に関する見積り」を行って、「新たな公的制度の導入で支援内容の再検討が必要となる」、「対象者数が一部地域に偏って急増する」、「非営利団体に関する法改正に対応する必要がある」など、対応が必要な状況推移を正しく認識し、その可能性に基づいて対応の優先順位を考えておく必要があります。

また、可能性は低くても、これが起きたら団体の存続にかかわるという「大規模災害で活動存続が困難になる」などの状況についても、しっかり認識しておく必要があるでしょう。その上で、今持っている人、物、金の現況と今後の推移を見積もって、それが各状況での活動に及ぼす影響をしっかり頭に入れた上で、方針を決めなくてはならないのです。

どんなチームのリーダーでも、頭の中で何となくこのようなことを考えてはいると思います。しかし、ここで私が皆さんに強調しておきたいことを改めてまとめると、次の二点になります。

一つ目は、リーダーとして必要な情報を集めるためには、チームのメンバーの適任者にそれぞれの分野の情報を分担して収集分析させた上で、報告させるという手法が効率的かつ効果的だということです。そしてこの際、特に大事なのは、人、物、金など、チーム内部の事情に関する見積りだけでなく、活動を阻害する外部のリスク状況に関して見積ることを、決して忘れてはならないのです。

二つ目は、ただそれぞれの分野に関する情報を集めるだけではなく、必ずそれを分析した上での結論として、それが今後のチームの活動に及ぼす影響を含めて報告させるということです。

これらを確実にやっておくことは、次章で説明する方針決定を、論理的筋道に沿って行う上で不可欠なことなのです。

第8章　必ず複数の行動方針を検討せよ！

❖リーダーの決心にあたって重要なこと

　本章では、いよいよリーダーとしての本領発揮の場である、チームとしての行動方針の決定要領について、説明していきたいと思います。

　優れたリーダーというものは、往々にして直観力に優れており、重大な決心をする場合に自分の直観に頼りがちです。松下幸之助翁が「運の強い人」と言ったように、これはこれで、大事なことではありますが、そのようなカリスマ的な力だけでチームを引っ張っていくことは、誰にでもできることではありませんし、それを過信していると、大きな盲点を見落として、誤った決断をしてしまうリスクもあるでしょう。

　もちろん、チームが大規模になれば、リーダーが一人で検討するのではなく、企画担当者が案を出し、最終的にリーダーが決定するということになるでしょう。リーダーは、この決定プロセスを正しく指導できなくてはなりません。

そして、リーダー一人の決定にせよ、チームのプロセスを経るにせよ、その決定がどのような考えのもとになされたのか、メンバー間で問題意識を共有させることも、リーダーとして大事なことです。決定された行動方針を実行に移す上では、各メンバーが、その方針の利点を最大限助長するように意識するとともに、欠点に対しては対策を講じて補っていくことが重要だからです。

決めた結果だけが大事なのではなく、何をどう考慮してその結論に至ったのか、メンバー間の共有を図ることが、チームとしての大きな強みを引き出します。

このため自衛隊では、部隊の行動にかかわる大きな行動方針を決定する時に、必ず特徴の異なる複数の案を列挙し、それらを分析、比較して、結論を導き出すというプロセスを経るように決められています。スタッフ組織で最良案を検討する場合はもちろん、時間の余裕がなく、指揮官が自分の頭の中で直ちに決めなくてはならない場合にも、このプロセスを経ることで「抜け」がない、筋道だった決定ができるというわけです。

そして、どのような行動方針にも、必ずその利点と欠点があります。特徴が異なる複数案を検討することで、それぞれの利点・欠点が明らかになり、採用案の欠点に対して予め対策を講じることができるわけです。

単純な例で言えば、これから部隊が前進しようという場合に、平坦地を通れば、速度は発揮できるが敵に発見されやすく、山地を通れば、逆に時間はかかるが発見され難いという利点があります。その時の状況に応じて、どちらの利点を重視するか判断するわけですが、どちらにしたとしても、このプロセスを経ればその欠点も十分認識できるので、その対策を講じることができます。また、対策を講じることができないような致命的な欠点があれば、その案は採用できないということです。

今あなたが、被災地の避難住民を支援するボランティア・チームのリーダーだったとします。その地域の避難所には数百人規模の大きなものもあれば、ほんの一〇人程度しか収容していない小さなものもあります。リーダーとしてのあなたがやるべきことは、成り行きで片っ端からメンバーを各避難所に割り当てていくことではなく、まずメンバー配置の行動方針を立てることです。

小さいところにも必ず一人は配置するという方針でいけば、避難している人たちに安心感を与えることができ、大規模なところに集中して配置すれば、迅速に効率的な活動ができます。どちらを取るにしろ欠点はあるわけで、それを意識して決定することで、対策をとることが可能になります。集中配置であっても、その欠点を補うため、小規模避難所を巡回することで不安解消を図るという具合です。

そして、このような思考過程を経ることで、その行動方針を採用した意図を、メンバーにわかりやすく、明確に伝えることができるのです。
それでは、その具体的な要領について、見ていきましょう。

❖行動方針決定のプロセス

自衛隊における行動方針の決定は、主として次の四つの段階を経て行われます。

第一段階　行動方針の**列挙**
第二段階　行動方針の**分析**
第三段階　行動方針の**比較**
第四段階　**結論**

それでは、それぞれの段階について、どのようなことに注意してプロセスを進めていく必要があるのか、段階ごとに説明していきましょう。

第一段階　行動方針の列挙

まずは行動方針の列挙です。直観で一つに絞ってしまうのではなく、実行の可能性がある行動方針を最低二つ、できれば三つくらい列挙します。ここで、「実行の可能性がある」というところは重要です。最初から可能性がないような方針を「当て馬」として挙げるのでは、時間のムダです。

一つの方針を思いついた後、本当に他に方法はないのかと真剣に考えて、他の可能性がある方針を列挙することこそ重要であり、このプロセスを省略すると、後で思いもかけない見落としに気づくということにもなりかねません。まあ、買い物と同じで、良い物を見つけてもパッと衝動買いするのではなく、他にもっと良い物があるかもしれないと、落ち着いて探してみることが大事だというわけです。また、わずかな違いがあるものをいくつもいくつも別々に列挙すると、この後の分析、比較が、煩雑になるばかりか、論点がぼやけてしまいますので、列挙するにあたっては、その特徴がよく表れている典型的な行動方針を二つか三つに絞り込んで、論点を明確にします。

第二段階　行動方針の分析

行動方針を列挙したら、今度はそれぞれについて分析を行います。この時に、第6章の任務分析と、第7章の見積りが、生きてくるのです。任務分析の結論である「必ず達成すべき目標」を確実に達成することができるのか、「達成することが望ましい目標」をどの程度達成することができるのか、予想されるそれぞれの「リスク状況」に対応できるのか、人や物の観点からの利・不利はどうかなど、その方針をとった場合に起こることを、時間経過に沿ってシミュレーションします。この分析をしっかり行うことにより、それぞれの行動方針の利点・欠点が炙り出されてくるというわけです。

この分析をしっかりやるほど、後で思わぬ抜けがあって二度手間になるということがなくなるので、時間をかけて綿密なシミュレーションをしたほうがよいのですが、時間の余裕がない場合にも、分析を飛ばすことなく、さっと頭の中ででも行うようにするクセをつけることが大事です。

第三段階　行動方針の比較

それぞれの行動方針の分析が終わったら、それらを横並びで比較して優劣を明確にしなくてはなりません。後で具体例で説明しますが、分析の段階で明らかになった「比較の要因」をいくつか選び出して、その要因ごとの優劣を比較できるような表を作り、それらを合わせ考慮することにより、総合判定としての優劣をつけることになります。

この時にとても大事なのが、一つは、何を「比較の要因」として選ぶのかということ、二つ目は、「比較の要因」相互の間の軽重をどう判断して、どの要因を重視して総合判定を行うのかということです。これらを誤ると、結論も誤ることになってしまいます。特に、重視する要因を何にするかは極めて重要ですので、もう一度任務分析に立ち返って、何が一番重要なのかを確認することを怠ってはなりません。

第四段階　結論

比較の表ができて、重視する「比較の要因」が決まれば、おのずと結論である最良の行動方針が導き出されることになります。

しかし、ここで重要なのは、どれが最良の行動方針なのかということだけではありません。分析と比較を通じて、最良の方針にも欠点があることが明確になっているはずです。そこで、他の案と比較して劣っているその欠点に対して、どのような対策を講じたらよいのか、これを導き出すことこそ、このプロセスの最も大切な部分なのです。

極端に言えば、この検討さえしっかりできていれば、もともと実行の可能性がある案を選んでいるので、結論はどちらでもよいと言ってもいいくらいです。そのため、時間の余裕があるときにはスタッフ組織でじっくり検討すべきなのはもちろん、時間がない場合にも、リーダーの頭の中で、一通りこのプロセスを経ることで、たとえ採用案は直観と同じであったとしても、自分が採用しようとする案の欠点も含めた理解が深まり、それへの対策を準備できるという効果があるのです。

【表8-1】C連隊の「行動方針の列挙」

〈第1案〉均衡配置

平素の各中隊担任地域への配置を基本

（出動が遅れる第3中隊地域は、当初本部管理中隊の一部を配置）

〈第2案〉重点配置

人的な被害が大きいと予想される市街地と沿岸部を重点に部隊を配置し、それ以外の地域には小規模の偵察部隊を派遣

（注）説明のため、実際に自衛隊が用いる見積りを大幅に簡略化して表記

❖C連隊の行動方針

それでは、前章に引き続き、災害派遣準備中のC連隊の例で、このプロセスを具体的に見ていきましょう。

敵情（リスク状況）、人事、兵站各スタッフの見積り結果を受けて、作戦スタッフは直ちに行動方針決定のためのプロセス（自衛隊では「作戦見積り」と呼ぶ）を開始した。「各中隊の準備が完了する前に、今直ちに決めなくてはならないのは、各中隊を被災地域にどう配置するかに関する部隊運用案である」とのM連隊長の指針を受けて検討が進められ、直ちに報告された。

「部隊運用に関する行動方針について報告します。まず行動方針の列挙ですが、スライド（表8－1）に示す二案を考えました。端的に言うと、第1案は均衡配置案、第2案は重点配置案です。第1案は、日頃から各中隊に定められている担任地域への配置を基本とする案で、出動が遅れる第3中隊の担任地域は、当初本部管理中隊の一部が担任するように修正したものです。第2案は、特に人的な被害が大きいと予想される市街地と沿岸部を中心に部隊を配置し、それ以外の地域への派遣は小規模な偵察部隊にとどめるという案です」

「次に各行動方針の分析です。現時点での被害状況の全体像が不明ですので、『災害状況に

【表8-2】C連隊の「各行動方針の分析（要約）」

〈第1案〉

津波被害への対応：当初の対応勢力は限定されるが、じ後の柔軟性あり

市街地火災への対応：当初の対応勢力は限定されるが、じ後の柔軟性あり

大規模余震等への対応：新たな被害判明時、被害少の地域から転用可能

特異な災害への対応：D町原発周辺に当初から配置部隊あり

任務達成上の特性：
新たな被害判明時に部隊転用が比較的容易
各地域における増援部隊の誘導・受け入れが比較的容易

〈第2案〉

津波被害への対応　：当初の避難支援時から大きな勢力で対応可

市街地火災への対応：当初の避難支援時から大きな勢力で対応可

大規模余震等への対応：新たな被害に振り向ける勢力は小

特異な災害への対応：D町原発異常時には、新たな部隊運用が必要

任務達成上の特性：
当初遊兵化する部隊が少ない反面、柔軟性に欠ける
増援部隊の誘導・受け入れの勢力に制約あり

（注）説明のため、実際に自衛隊が用いる見積りを大幅に簡略化して表記

関する見積り』で列挙された『今後予想される災害状況』への対応度を分析しました。この際、『七二時間の間に、増援部隊と協力して、できる限り多くの人命を救助する』という『必ず達成しなくてはならない目標』達成の上での特性も加味しています。分析結果の要約はスライド（表8－2）の通りです」

「分析の結果に基づいた各行動方針の比較と結論を、スライド（次ページの表8－3）に示します。比較の要因の中で最も重視すべきなのは、今後生起する公算が高い津波被害に対する迅速な避難支援と人命救助の可能度だと考えます。次に重視するのは、続々と到着する増援部隊に対し迅速に誘導・受け入れを行い、できるだけ早く増援部隊の活動を可能にすることです」

「比較全般を見ると、第1案と第2案は一長一短でほぼ同等ですが、最も重視する要因である津波被害への対応度から、結論として第2案の『重点配置』が望ましいと考えました。この際、欠点への対策として、増援部隊誘導・受け入れの措置、新たな被害対応での柔軟性保持のための予備勢力の保持、万が一の原子力災害対応のための準備実施などの措置を講じる必要があります。以上です」

報告を受けたM連隊長は、大きくうなずくと、よく通る大きな声できっぱりと告げた。

「うん、作戦スタッフの結論である『重点配置』に同意する。迅速な対応で一人でも多く

【表8-3】C連隊の「各行動方針の比較、結論」

〈比較〉

比較の要因	第1案	第2案	重視要因
津波被害への対応	○	◎	1
市街地火災への対応	○	◎	
大規模余震・本震への対応	◎	○	
特異な災害への対応	◎	△	
新たな被害対応の柔軟性	○	△	
増援部隊の誘導・受け入れの容易性	○	△	2
増援受け入れ後の再編成の容易性	△	○	

〈結論〉第2案(重点配置)を採用

理由：発生の公算が高い津波被害に対する迅速な避難支援・救命活動を重視

対策：増援部隊の誘導・受け入れ → 誘導・受け入れ班を編成し各市・町に配置
柔軟性の欠如 → 呼集完了後の第3中隊を予備勢力として柔軟に運用
特異な災害への対応 → 第3中隊による原子力災害を想定した準備実施

(注)説明のため、実際に自衛隊が用いる見積りを大幅に簡略化して表記

の命を救うことを重視したい。ただし、同じ観点から、増援部隊ができるだけ早く活動を開始できるようにすることも、わが連隊の役割の一つであることを忘れてはならない。そのための措置もしっかり取ってもらいたい。それでは、以上に基づき、五分後に各中隊への命令下達を行う。直ちに準備せよ」

さて、このC連隊の例で、この行動方針決定プロセスに、第6章の「任務分析」及び、第7章の各種「見積り」の結論が生かされていることが、おわかりいただけたでしょうか。また、どの方針が最良かという結論もさることながら、このプロセスを通じて、採用案の狙いである利点を全員が明確に認識して、実行にあたってそれを助長できるようになるとともに、欠点をはっきり自覚することによって、予め対策をたてることが可能になるという点も、おわかりいただけたと思います。

❖結論以上にプロセスが重要

本章の冒頭でも申し上げましたが、リーダーとしてチームの行動方針を決定する場合、何を重視して、どのような理由でその結論に至ったのかをメンバーと共有することは、極めて重要です。ブラックボックスから出てきた結論だけを、メンバーに強要するのでは、チームとして良い仕事はできません。

また、結論を得るにあたって、本章で説明してきたようなプロセスを経ることで、採用案の欠点を補う対策も準備することが可能になるという点も、大きなメリットです。

スタッフ組織で検討する場合はもちろん、時間の余裕がない場合に、リーダーが一人で迅速に決定を下さなくてはならない時にも、日頃から第6章以降の思考プロセスを頭に叩き込んでおくことによって、常に「抜け」のない論理的判断が可能になるのです。

このような思考プロセスの訓練を、日頃からの仕事のなかで繰り返していくことにより、合理的な考え方が身につき、他人への説明にも説得力が増すことになります。

例えば、あなたが新製品のテレビ・コマーシャルを企画しているとしましょう。基本コンセプトとして、有名タレントを起用する話題性重視の第一案と、製品の質の高さをアピールする第二案があるとします。その製品が、若者向けの流行商品なのか、年配者向けの高級商品なのかによって、案を比較する場合の重視事項は、大きく違ってくるでしょう。また「経費見積り」を行って経費の違いを明らかにするとともに、タレントのスキャンダル発覚などの「リスク状況見積り」も忘れてはいけません。

これらを、本章で紹介したプロセスに沿って検討し、分析・比較した上で結論を出すことで、論理性と説得性がある結論を得ることができるのです。そして、この分析の過程で、それぞれの案の長所短所が明らかになっているので、結論に応じて、長所を最大限効果的に発揮できるように具体化することや、欠点を補い、リスクに対処する方策を考えておくことも可能になります。

日頃の仕事や生活のなかで、行動方針を決めなくてはならないことは無数にあり、誰でも毎日このような決心をしながら生きています。

リーダーとしてチームの意思決定を適切に導き、時には自ら決定したことをメンバーに徹底して、チームをうまく導いていくためには、日々の生活を通じて論理的な行動方針決定プロセスの訓練をしていくことが大事だ、ということをぜひ覚えておいてください。

第9章　自分の目で現場を見よ！

❖実行段階でのリーダーの役割

第6章から第8章までの三章にわたって、リーダーとして何らかのタスクを達成しようとする場合の、任務分析から見積りを経て、行動方針の決定に至るまでのノウハウを述べてきたわけですが、方針を決定したからと言って、そのタスクを達成できたわけではありません。その方針に基づいて、「実行する」という最も大事な部分はこれからなのです。

チームとして何かを成し遂げようとする場合、リーダーの重要な役割のうち、半分は、方向性を決めて、メンバー全員をその方向に向かせることになります。そして、残りの半分は、動き始めたチームが定めた方向からずれることなく、また途中で躓くことなく、スムーズに目標に向かって進むよう常に気を配り、障害があれば取り除いていくことです。

この実行の段階では、第1部で述べたリーダーの「人間力」が極めて重要であることは言うまでもないのですが、それだけではなく、実行段階には実行段階に必要な「知力」、ノウハウが存在します。これについても、自衛隊で培われてきた先人の知恵があります。本章では、その内容について説明しましょう。

自衛隊において、そのノウハウを端的にまとめたものは、「指揮の要訣」と呼ばれるもので、その内容を一般向けの表現に直すと、次に示す三点になります

①メンバーの状況の確実な掌握

②リーダーの企図の明示

③適時適切な指示による行動の統制

そして、この三点を行う上で注意しなくてはならないこととして、さらに二つの点が挙げられています。すなわち、**「できるだけ自主裁量の余地を与えること」**、**「確実に実行を監督すること」**には、特に留意すべきだとされているのです。

それでは、一つ一つ順番に見てみましょう。

①メンバーの状況の確実な掌握

チームとして行動しようとする場合、リーダーは、まずメンバー一人一人にきちんと役割を付与し、それぞれが今その役割を果たす上で問題を抱えていないかどうか、最新の状況を把握していなくてはなりません。

役割がきちんと付与されていなかったり、そのメンバーの能力に見合っていなかったりした場合には、チームが動き出した途端、その部分の歯車だけがかみ合わずに軋み出して、チーム全体が前に進むのを妨げてしまいます。

リーダーとして、そのようなことがないよう、付与した役割がそれぞれの能力に見合っているか、問題を抱えているメンバーはいないか、しっかりチェックすることが大切なのです。

このチェックを行うにあたり、規模が小さなチームであれば、リーダーが一人一人の状況をつぶさに見ることができます。しかし、チームの規模が大きくなるにしたがって、現場の一人一人の状況を確認することは、難しくなってしまいます。これを克服するため、チームが大規模になるほど、組織を作ることが大切になってきます。

例えば、あなたが地域の住民が年一回行っている大清掃の日の地区リーダーとして、一五〇人の住民を統制して地区の街路や公園などのゴミの除去をしなくてはならないとします。あなたが、一人一人に分担を指示して、「〇〇さんは子供を連れているから、危なくないようにことを」などとやっていたら、日が暮れてしまうでしょう。

この場合には、一五〇人を一五人ずつ一〇個の班に分けて、それぞれの班長を決めればよいわけです。あなたは、一〇人の班長にそれぞれの班の分担を指示し、班長が班内の一人一人の状況に合わせて班内で分担を指示するようにすればよいのです。こうすれば、掃除が終わった後に怪我した人がいないか、あなたが全員に聞いて回らずとも、一〇人の班長が怪我の有無を確認した上で、あなたは班長から報告を受ければよいというわけです。

これは、極めて当たり前のことのように聞こえますが、とても重要なことです。特に、班に分けるだけではなく、それぞれの班に班長という責任者を決めておくということが肝なのです。これによってあなたは、一五〇人を掌握する代わりに、一〇人を掌握すればよいからです。ただし、班長に任せたからもう安心、ということではなく、リーダー自身が常にこの一〇人の班長をしっかり掌握して、チーム全体の状況を把握できるようにしておくことこそ、最も大切なことです。

この例では班だけの一層構造でしたが、さらに大きなチームであれば、課、部など、二層、三層の構造を持つ組織になるかもしれません。

いずれの場合にも、トップのリーダーは、それぞれの部分の役割分担を明確にするとともに、それぞれの長が、その地位に応じてどのような責任を負っているのかを明確にしておくことが、極めて重要です。それによって初めて、リーダーはリアルタイムで、チーム全体の状況を把握することが可能になるというわけです。

②リーダーの企図の明示

チーム全体を組織化し、リーダーとしてチーム全体の状況を掌握できる態勢を整えたら、次になすべきことは、リーダーとしての企図の明示です。ここでリーダーの「企図」と言っているのは、リーダーが出す個別の細かい指示ではなく、それらの背景となる、リーダーとしての大きな考え方ということです。

例えば東日本大震災の時に、指揮官は、「すべては被災者のために」という企図を明確に掲げました。一見当たり前のことのように聞こえますが、実はこれは大きな指揮官の決断を示すものだったのです。

法治国家である日本においては、「災害対策基本法」や「大規模地震対策特別措置法」などによって、自治体や国の各機関などの役割がきちんと定められています。しかし、東日本大震災では、被害があまりにも甚大で、市町村などの役場そのものも壊滅的な被害を受けたところがあり、法律に定められた役割や手続きでは対応できないグレーゾーンが大幅に生じました。自衛隊の現場部隊においても、いつも行っている災害派遣と同様の自治体との調整ができないなか、独断でやってもよいのか判断がつかないという場面が数多く生じたのです。

そこで、この指揮官は、「すべての部隊活動の基準は、『被災者のために』なるかどうかである。自衛隊の部隊としてやるべきかどうかと迷った時には、常に『被災者のために』ということを基準に判断せよ」というリーダーの企図を明確にしたわけです。これによって現場の部隊は、迷うことなく次々と積極的に各種活動に邁進することができました。

このように、リーダーの企図が明確に示され、それが前述の組織系統を通じて全体に徹底されれば、末端のメンバーは迷うことなく自分の役割を果たすことができます。逆に、このような大きな考え方が示されずに、細かい指示だけが与えられた場合、その指示にないことをやる場合には、いちいち上の指示を仰がなくては判断できないという状況になって、チームの活力は失われてしまうのです。

チームの活動全体の背景となるリーダーの考え方を明確に示して、これをメンバー全員に徹底することは、チームのパフォーマンスを大きく左右する大事なポイントです。

③ 適時適切な指示による行動の統制

リーダーの大きな企図を明示した上で、具体的にチームが活動するにあたっては、リーダーとして具体的な指示を出す必要があります。この時によく考えなくてはならないのが、その指示は「適時」に出されているか、そして「適切」に出されているかということなのです。

まず、「適時」から説明しましょう。リーダーとしては、チームが今後やるべき各種の活動について、自分なりの腹案を持っていることは普通です。しかし、その腹案の細部をすべて最初から指図しておくのか、それとも活動の進捗に応じて、次にやるべきことを示していくのかには、判断が必要です。

例えば、先に述べた「年一回の地域の大清掃」の例で言えば、まずリーダーとして「終わり次第、予定時間前でも解散にしますので、テキパキやりましょう」という大きな企図を明示することは大事です。その上で、リーダーは、「公園西半分担当のA班と東半分担当のB班の、どちらか早く終わったほうを河川敷に回して、表通り担当のC班が早く終わったら……」などの腹案を持っているものです。ですが、こうした腹案のあらゆる組み合わせについて、予め全員に説明しておく必要があるかどうかは、また別問題です。むしろ状況に応じて、その都度指示したほうが、混乱もなくスムーズにいくでしょう。

そして、そのタイミングについても、担任地域がもうすぐ終わりそうな班に、次の地域を示すというのが最適です。早く示し過ぎても、見込み違いで他班のほうが早く終わって変更しなくてはならなくなるかもしれませんし、遅過ぎると、やることがない遊兵が出てしまいます。

ことほど左様に、リーダーの指示のタイミングというのは、チーム全体の能率を大きく左右するものなのです。リーダーとしては、どの時点で何を判断基準にしてどのように指示を出すのか、とことん考え抜いて、状況に最も適したタイミングを判断することが重要です。

次に「適切」な指示ということですが、自衛隊においては、「命令には、一点の疑義もないようにせよ」と言われます。どうにでも取れる曖昧な指示を出すというのは、リーダーとしての責任回避です。明確な言葉で、誤解が生じないように、はっきりした指示を出すことが大切なのです。

もちろん、「明確な」ということは、「細かい」ということとは同義ではありません。必要以上に微に入り細にわたり細かな指示を出すことは、いわゆるマイクロマネージメントにより、自主裁量の余地を奪うことになって、メンバーのやる気を失わせます。

やるべきことを端的に、疑義なく示しつつも、その範囲内で具体策を自分で工夫できるような示し方こそ、「適切」な指示であると言えるでしょう。

河川敷の清掃を班に割り振る場合にも、「適当にやっといてください」ではなく、「土手から肉眼で確認できる大きさのゴミは全部拾ってください」と明確な目標を指示することは必要ですが、その一方で、横一線になって拾うのか、個人ごと区画割りにするのかは、班長さんに任せればよく、むしろいちいち指示しないほうが上策というような具合です。

❖実行にあたっての留意事項

「指揮の要訣」に沿った三点について説明してきましたが、先に述べたように、これらを実行する上で、二つの留意事項がありました。「できるだけ自主裁量の余地を与えること」と、「確実に実行を監督すること」です。

「自主裁量の余地」については、「適時適切な指示」の項でも触れましたが、チームの活力を維持する上で、とても大事な留意事項です。

メンバー一人一人がやり甲斐を持って生き生きと輝けるように、その「想い」を強く持つことが、リーダーの「人間力」の一つとして大事であるということは、第2章で説明した通りですが、その「人間力」を前提とした上で、リーダーの「知力」という面でも、メンバーにやり甲斐を付与できるようなノウハウがあります。

「指揮の要訣」の考え方に含まれているように、チームの活動にあたって指針となるようなリーダーの「企図」を明確に示し、目標付与に当たっては、曖昧な点が生じないよう明確に「適時適切な指示」を与える一方で、それを達成するための方法については、努めて自主裁量の余地を認めることが大事です。

その行動によって、メンバーには自分の頭で工夫する余地が生まれ、それがやり甲斐につながっていくのです。この点がうまく回っているかどうか、リーダーは常にメンバーの状況を「確実に掌握」し続けなくてはなりません。

次に「確実な実行の監督」ですが、リーダーたる者、指示した事項が現場で確実に実行されているかどうかを、確認監督することが、極めて重要です。

自衛隊の部隊においても、作戦の間、指揮官は時々刻々と移り変わる状況下で多くのことを

【表9-1】リーダーの判断・実行プロセス

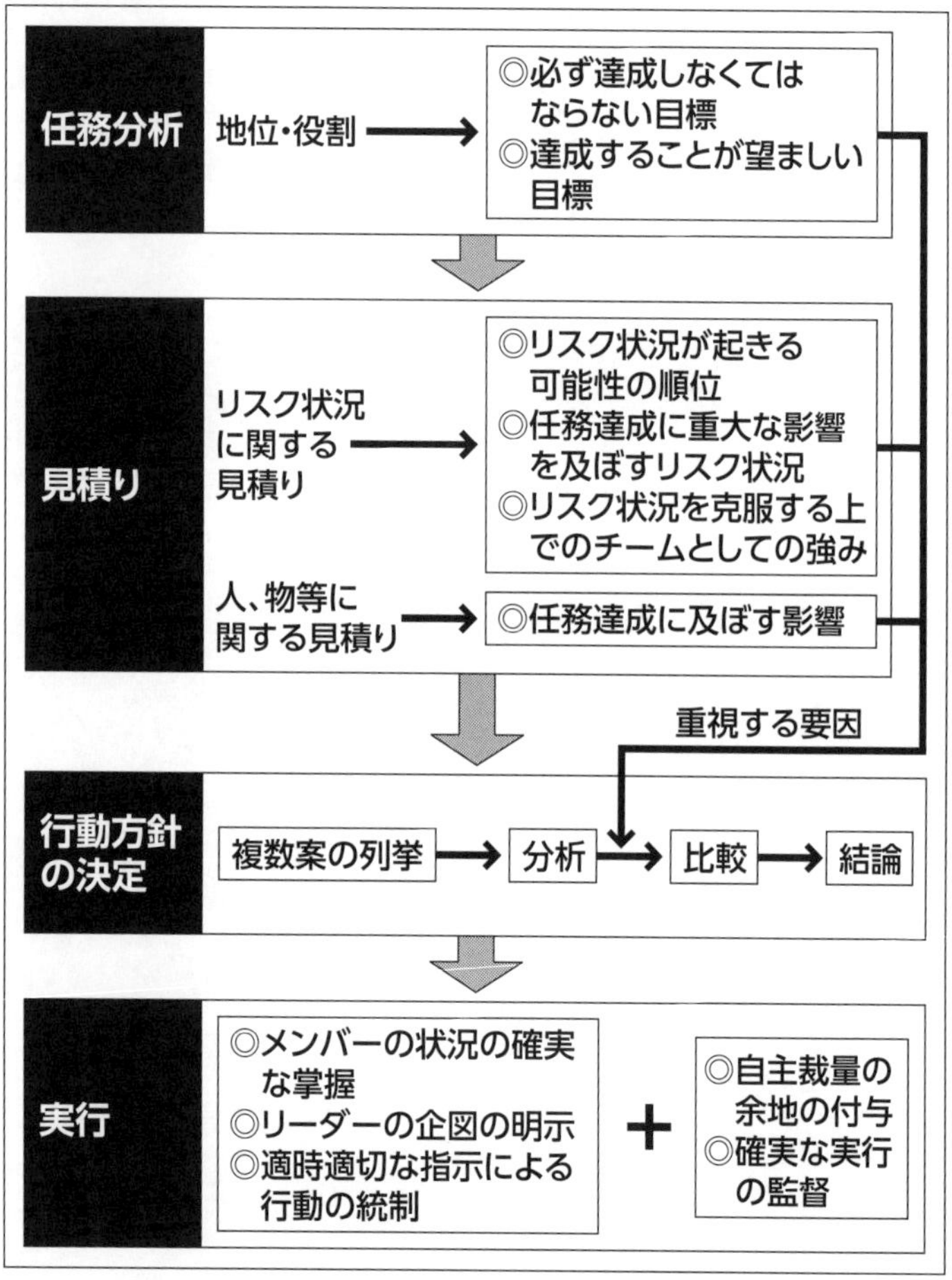

決定しなくてはならず、指揮所の中で多忙を極めるわけですが、それでも時間を捻出して、自分の目で第一線の状況を見に赴くことが、極めて重要だとされています。

いくら的確な判断をして、適時適切な命令を発出していたとしても、それが実際に現場でどう実行されているのか、その判断は現場の実状に合致していたのか、それを自分の目で見て判断する必要があるからです。**「自分の目で現場を見よ」**、自衛隊では、指揮官の卵の時から常にこれを叩き込まれます。

チームの規模が大きくなるほど、リーダーは現場から遠くなり、会議室等で過ごす時間が長くなりがちです。しかし、そのようななかでも、できる限り現場に出て、実行状況を確認監督する。これこそが、リーダーに求められることなのです。

❖任務分析から実行まで

ここで、第6章から四つの章にわたって解説してきた一連のプロセスについてまとめてみたのが、表9－1です。任務分析、見積り、行動方針の決定、そして実行というこのリーダーの一連の「知力」にかかわるプロセスを、「リーダーの判断・実行プロセス」と名付けました。

チームとして意思決定する上で、時間の余裕がある場合には、リーダーとしてチーム内のスタッフを活用して、このプロセスを集団として実行していくことで、メンバーの意識共有を図りながら、最善の方針を決定し、チーム一体となって実行に移していくことができるでしょう。

また、意思決定の時間が限られる場合には、リーダーの頭の中でこのプロセスを実行することで、最善の判断をするとともに、その理由を論理立ててメンバーに説明し、意識を共有して実行することが可能になるでしょう。

いずれにせよ、ぜひこのプロセスを身につけることにより、リーダーの「知力」をフルに発揮して、チームをリードしていただきたいと思います。

第10章 「次の次」を考えて行動せよ！

❖教訓を次に生かす

前章まで、「リーダーの判断・実行プロセス」について見てきました。あなたのチームが、何か単純なことを一つ成し遂げたら解散、というような非常に短い期間に限定された組織であれば、リーダーとしてのあなたの任務は、このプロセスを一回たどって終わりになります。しかし、通常そのようなことはまずないでしょう。

たとえ恒久的なチームではなく、臨時チームであったとしても、何かのプロジェクト等を成し遂げようとした場合には、いくつかの判断を繰り返しながら、それを逐次実行に移していくことが必要になるはずです。

まして、会社での仕事や団体の運営のように、恒常的に判断を下しながら、次々と新しい事態に対応していくという場合には、この判断・実行プロセスは無限に繰り返されていくことになります。

この時、一つのプロセスにおける失敗や成功の教訓を、次のプロセスに生かしていくことが、リーダーにとってとても大事であるということは、容易に理解できることでしょう。そのためには、一つのプロセスの実行段階が終わったところで、レビュー（反省会）を行い、その結果得られた教訓（良かった点、悪かった点）を認識、共有することが重要になります。

これは自衛隊では、アフター・アクション・レビュー（AAR）と呼ばれており、平素の訓練終了時や、災害派遣・国際任務など実任務の終了時に、メンバーの記憶がホットなうちに直ちに反省会を行い、次に生かせる良かった点、悪かった点などの教訓をまとめるという活動です。

その効果として、メンバー一人一人が、うまくいった点や、改善すべき点を明確に自覚することで、個人としてやり甲斐を持ちつつ、成長を重ねていくことを促せるという点があります。また、組織全体としても、その内容を共有することで、一つのチームの持続的な能力向上に資するばかりでなく、他のチームの教訓を参考にすることができ、組織内の全チームが揃って能力アップしていくことにもつながるわけです。

自衛隊の部隊における日々の訓練の教訓は、その部隊において蓄積されるわけですが、大きな演習や大規模災害派遣、国際任務などの教訓は、全国レベルの教訓センターにデータベースとして蓄えられ、組織全体で活用できる態勢となっています。

一般的には、このような大規模なものではないにせよ、リーダーが継続的にチームを率いていくには、一つの成果を次に結びつけることが不可欠で、結節においてどのようにレビューを行い、その教訓をいかに活用していくかが、大きな鍵になることは間違いありません。

❖ＰＤＣＡサイクル

レビューにおいて教訓事項が得られたとしても、それをただ単に覚えておくだけではなく、具体的にどのように活動の改善に結び付けるのか、この過程も非常に重要です。次の活動に入る前には、その方策も具体的にイメージアップし、予め手を打っておける部分については、直ちに改善策を実行することが必要でしょう。

その結果が、次の出発点になるわけですから、この部分まで含めると、前章で説明した「リーダーの判断・実行プロセス」は、一つの閉じたサイクルを形成することになります。実際には同じことを繰り返すわけではなく、サイクルを繰り返すことにより向上していくわけですから、下から上へ螺旋状に上昇していく、スパイラルをイメージしていただければよいかもしれません。

このようなサイクルは、以前から、民間の生産管理や品質管理の分野で、ＰＤＣＡサイクルとして、よく知られているものです（次ページの表10-1）。すなわち、「計画（Plan）」→

【表10-1】PDCAサイクル

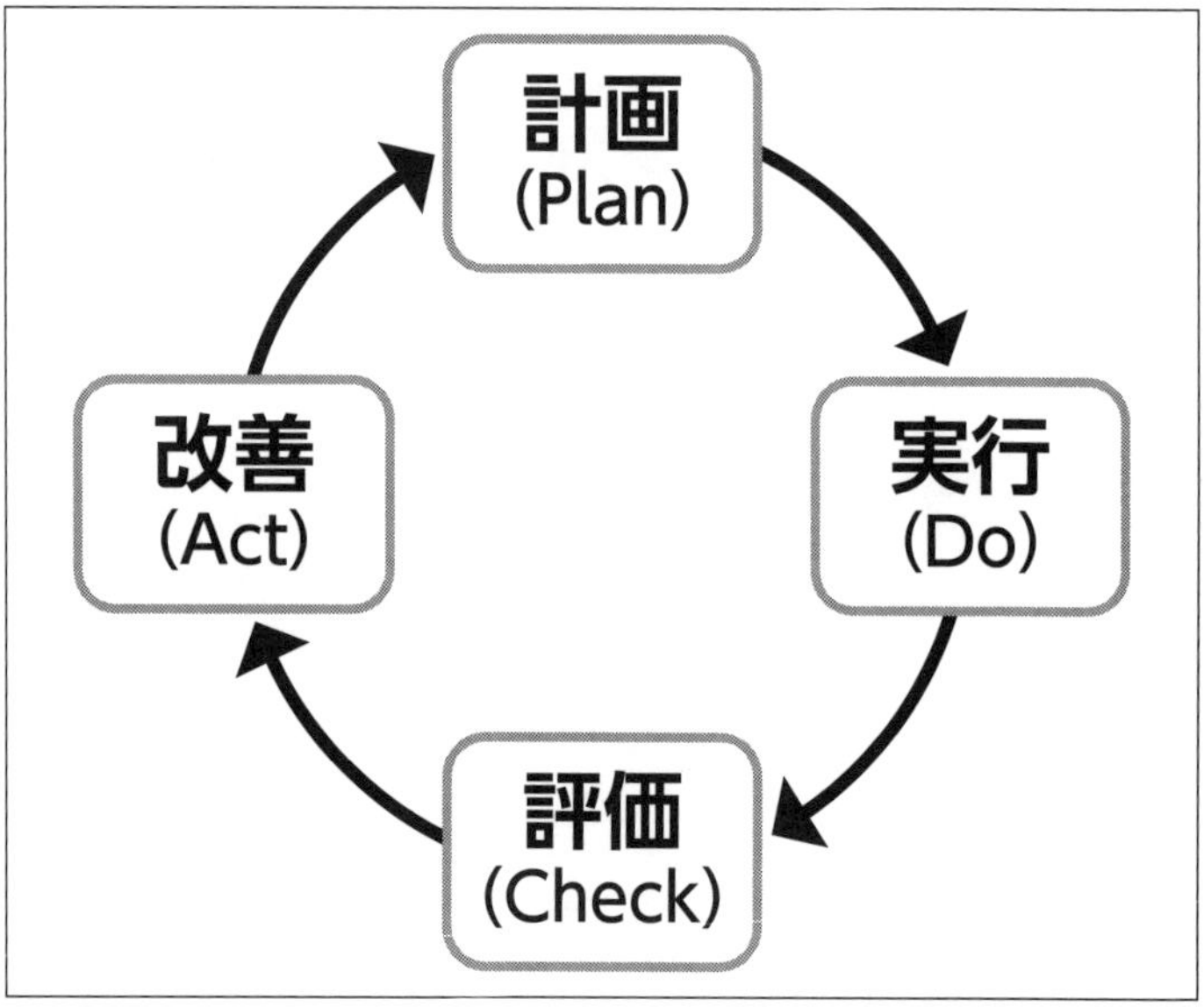

「実行（Do）」→「評価（Check）」→「改善（Act）」のサイクルを繰り返していくことにより、工場等における生産性を向上させていくという考え方です。

本書の「リーダーの判断・実行プロセス」との関係で言えば、任務分析から行動方針の決定までが「計画」にあたり、実行はそのまま「実行」ということになるでしょうか。あるいは、複雑な計画を伴う活動であれば、任務分析から実行の前半の計画部分までが「計画」、実行の後半にあたる実行動の部分が「実行」というように、あてはめるのがよいかもしれません。

いずれにせよ、「実行」の後で、その内容をレビューすることで、きちんと「評価」を行い、それを次の「改善」につなげていくというところが味噌だということになります。「改善」の結果は、次の「計画」で、任務分析や見積りに反映されていくことになるでしょう。これは特に、リスク状況の軽減という形で反映されていくかもしれません。

リーダーとしては、チーム内にこのようなPDCAサイクルを確立して、連続してスパイラル状にチームのパフォーマンスを向上させていくことができれば、しめたものだと言えるでしょう。しかし、ここに一つ問題があります。

PDCAサイクルは、次に何を目指せばよいかが、外部から与えられて決まっているか、あるいは今何を判断するのか、与えられた状況の中で明確になっている場合には、うまく機能します。工場における生産性の向上などは、その典型でしょう。

【表10-2】OODAループ

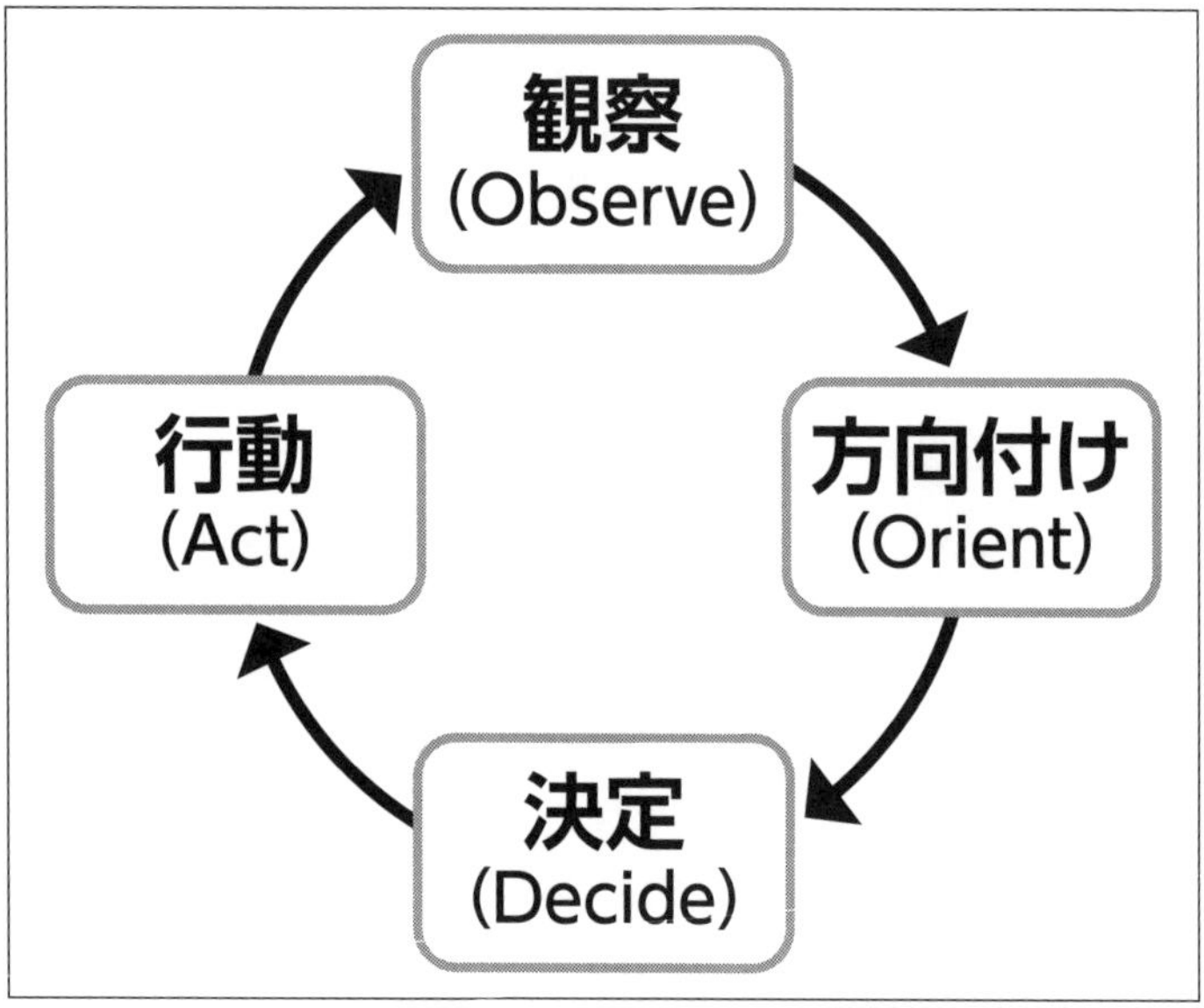

しかし、状況が次々と変化して混沌としており、今何を判断しなくてはならないのか、それをじっくり考えて決める時間がないような場合には、このサイクルでは不十分なのです。このような問題意識から生まれてきた考え方を、次に見てみましょう。

❖OODAループ

次に紹介するOODAループ（表10-2）は、米空軍のパイロットだったジョン・ボイドが、空軍退役後に開発した意思決定論です。パイロットが機上で状況判断しつつ戦闘機を操縦し、戦闘するためには、時々刻々と変化する状況の中で、今何をしなくてはならないかを、リアルタイムで判断し、即時に決定、実行していくことが必要になります。ボイドは、このように予測できない混沌とした状況で、迅速な意思決定を的確に行うための意思決定論として、このOODAループの理論を編み出したのです。

このループは、「観察（Observe）」→「方向付け（Orient）」→「決定（Decide）」→「行動（Act）」と、PDCAサイクルと同様に四つの過程からなっています。この二つを比較してみると、PDCAサイクルでは、「計画」や「評価」など、ある程度時間をかけてサイクルを回していくイメージがあるのに対し、OODAループのほうは、直観的な瞬時の判断が連続して行われる、というイメージを感じていただけるのではないかと思います。

それでは、まず一つ一つの過程を見てみましょう。最初の「観察」は、今自分が置かれている状況を、短時間で総合的に把握する点に特徴があります。一つ一つの要素を個別に検討して、積み上げげにより状況を把握するという方法ではなく、全体像を素早くつかむことに主眼が置かれています。

次の「方向付け」は、これこそがまさにOODAループの最大の特徴となる部分です。PDCAサイクルでは、行うべきことは予め決まっており、その具体的方法を決定するために「計画」し、それを「実行」するわけですが、混沌とした状況下では、今何をなすべきかということ自体を判断しなくてはなりません。数ある判断事項の中から、今この瞬間に優先して決めなくてはならないことは何か、それを判断するのが、この「方向付け」なのです。

優先して決めるべき事項が明らかになれば、次はその事項に関して判断を行って、具体的にやるべきことを決めなくてはなりません。それが、次の「決定」の過程です。一言に「決定」と表現されていますが、その中には、「観察」と「方向付け」に基づいて、最良の行動が何であるかを判断するというプロセスが凝縮されているわけです。

最後が「行動」ですが、これはただ単に「決定」した事項を実行するというだけではなく、PDCAサイクルの「評価」と「改善」も含んでいると解釈したほうがよいでしょう。実行すると同時に、その効果を評価し、リアルタイムでフィードバックして修正するということも含めた「行動」なのです。この結果は、次の「観察」に反映されることになります。

パイロットの経験に基づく意思決定論だけに、車の運転をイメージしていただくとわかりやすいでしょう。

私たちが車を運転する時、まず周囲の状況を「観察」します。そして、対向車が来ていると同時に、左側を自転車が走っているのを察知した場合、今、より注意を払うべきはどちらなのか「方向付け」をします。その結果、自転車への対応が優先だとすると、次はブレーキを踏むか、ハンドルでかわすかを「決定」し、ハンドルでかわすことにした場合、ハンドルを切り過ぎて対向車に接近し過ぎないように、自分のハンドル操作という「行動」を調整します。そして、うまく自転車を追い越したということが、次の「観察」につながっていくという具合です。

車の運転は個人の行動ですが、チームとして時々刻々と変化する状況に対応していかなくてはならない場合は、このOODAループをうまく回せるかどうか、リーダーの力量が問われることになります。

例えば、あなたが山岳パーティーのリーダーだとして、天候が悪化してきた場合に、優先して判断すべきは何でしょうか。霧による視界低下、大雨による足場の悪化、落雷の危険性などを見定め、その「方向付け」に応じて、登山の中断、ルートの変更、一時退避等をするかどうかの決定を行わなくてはなりません。

この二つの例でもわかるように、予測が必要な不透明な状況においては、「決定」そのもの以上に、今何を決めたらよいのかという「方向付け」こそが、重要であると言っても過言ではありません。うまく「方向付け」できるかどうかが、リーダーの力量に直結するのです。

❖「次の次」を考える

それでは、リーダーとして、この「方向付け」をうまく行えるようになるには、どのような努力をすればよいのでしょうか。私は、その鍵は「想像力」にあるのではないかと思います。不透明な状況の下で、次にどのようなことが起き得るのか、それを洞察できるよう、日頃から「想像力」を鍛えていく必要があるのです。

私が、自衛隊に入って初めてついた職は、戦車四両を指揮する戦車小隊長でした。冬にはマイナス二〇度を下回る極寒の北海道・上富良野演習場で、私が新米小隊長として先輩から叩き込まれたのが、**「常に『次の次』を考えよ」**ということです。

戦車部隊の行動は、スピードが命です。四〇トンほどもある鉄の塊の戦車ですが、鈍重に動いていたのでは、すぐにやられてしまいます。常に機敏な動きで敵に先んじることなしには、生きていけないのです。

例えば、現在の集結地を出発し、展開地域に向かうという場合、出発する時点で、小隊長は前進の経路、隊形を示さなくてはなりません。そして前進している最中には、敵に奇襲されないように、各車に警戒方向を示す等の処置をし、展開地域到着後には展開後の各車の位置を指示するなどして、直ちに敵に対応できるようにするのです。

「次の次」を考えるとは、出発の指示をする時点で、「次」の前進間の行動のみならず、「次の次」の展開地域での行動まで、自分の中でイメージしておき、このようなことが起きたらどう対応するかというシミュレーションを行っておくということです。「次」だけを考えていたら、そこで突発事態に出会った場合、もう「次の次」には対応できず、それを考えている間に、後手を踏んで、敵にやられてしまうというわけです。

若い時に、このことを徹底的に叩き込まれ、できなければこっぴどく叱責されるという経験を積んだおかげで、私には、いつでも「次の次」に何が起きるのかを想像して、これに備えておくという習慣が身につきました。日常生活でも、旅行に行く際、到着後に使う順番を逆算して荷物を詰めるなど、常日頃から「次の次」を意識しておくことで、未来に起こることへの「想像力」を鍛えることができるのです。

このように「想像力」を鍛えておけば、OODAループにおける「方向付け」が瞬時にできるようになります。実際の事態が起きる前に、頭の中で何度もシミュレーションをしてあるからです。

リーダーにこのような能力が欠けている場合、チームは大事なところで立ち往生してしまい、好機を失してパフォーマンスを発揮できないということになりかねず、あるいは、優先順位を誤って、メンバーにムダな努力をさせてしまうことになるかもしれません。リーダーとして、「次の次」を考える習慣を、ぜひ身につけてください。

❖PDCAとOODAを使いこなす

ＰＤＣＡサイクルとＯＯＤＡループは、どちらが優れているというものではありません。状況に応じて、この両者を使い分けたり、あるいは組み合わせたりして使いこなすことが重要です。

イベントを実行するなど、チームとして行うべきことがはっきり決まっており、時間をかけてこれに取り組むことができる場合には、ＰＤＣＡサイクルの考え方で、「計画」「実行」し、「評価」「改善」して、また次回に臨むという方法が適しているでしょう。

逆に、人が大勢集まるイベント会場の警備を行うなどという場合には、不測の事態に対して、臨機応変かつ連続的に対処していかなくてはならず、ＯＯＤＡループによって、「観察」に基づく「方向付け」を行い、「決定」「行動」の結果を次の「観察」にフィードバックしていくということが、非常に大切になってきます。

もちろん、一つのことを成し遂げる上で、全体としてはPDCAサイクルを回しながら、その「実行」部分で、OODAループの考え方を活用するという組み合わせが有効な場合も多いでしょう。

リーダーとしては、これら二つの考え方をよく理解した上で、これらを適用してチームを引っ張っていかなくてはならないのです。この際、前章まで述べてきた「リーダーの判断・実行プロセス」は、両方に適用できます。

時間の余裕がある場合は、スタッフを活用して、任務分析、見積り、行動方針の決定というプロセスを着実に踏みつつ「計画」「実行」し、チームとして成果を「評価」「改善」するというPDCAサイクルに乗せることが有効です。

また、瞬時に柔軟な対応が求められる場合には、リーダーの頭の中で、常に任務分析と見積りをアップデートしておき、「観察」結果を瞬時に「方向付け」に結びつけて、それに基づいて行動方針を「決定」「実行」し、フィードバックするというOODAループの活用が有効でしょう。

いずれにせよ、リーダーには、適切な状況判断の下で、これらを的確に駆使してチームを率いていくという「知力」が求められるのです。

❖「人間力」と「知力」

ここまで第2部では、五つの章にわたって、リーダーの「知力」について述べてきましたが、このような「知力」は、第1部で述べたような「人間力」と相まって、初めて効果を発揮するものだということは、言うまでもありません。

一人ではなく、チームで何かを成し遂げるという使命を持ったリーダーは、その「知力」に基づく適切な指示をメンバーに与えて、一人一人を動かさなくてはならないわけですが、人間は理屈だけで動くものではなく、動いたとしても、理屈だけで最高のパフォーマンスを発揮することはできません。

メンバーの間に信頼関係があり、一人一人がやり甲斐を感じ、お互いに理解し合って、明るく積極的に物事に立ち向かっていく時、チームとしてのパフォーマンスは最大となるのです。

特に予測できない状況の下で、OODAループを駆使して臨機応変に対応していくような場合には、リーダーとしての「人間力」は不可欠です。メンバー全員が不安を抱えるなかで、チームが一丸となって互いに信じ合い、力強く進んでいくためには、リーダーは「人間力」と「知力」をフルに発揮できるよう、その両方を同時に磨いていかなくてはならないのです。

第3部

「明日のリーダー」をめざす

第11章　「利他の心」をリードせよ！

❖未来のリーダーに必要な「新しい力」

ここまで第1部と第2部では、私が自衛隊の中で実際の経験に基づいて考えてきた、リーダーに必要な人間力と知力について述べてきました。

しかし、今私が思うのは、これからの時代のリーダーには、さらにもっと違う力が必要とされてくるのではないかということです。これはこれからの自衛隊のリーダーにも、社会一般のさまざまな分野のリーダーにも、共通しています。

なぜそう思うのか。それは、「今」という時代が、数百年単位の長い目で見た時に、大きな時代の転換期にあるのではないかと思うからです。前にこのような大きな転換が起こったのは、中世から近代へと社会が移り変わった時です。これはヨーロッパで言えば一六世紀から一八世紀にかけて、中世の王朝に替わって近代的な国家が誕生した時期、日本で言えば明治維新の一九世紀ということになります。

近代という時代の特徴は、社会的には近代主権国家の成立、経済的には産業革命による大量生産の開始、哲学的には近代啓蒙思想による人権意識の伸長にあると言えます。その完成形が、今の欧米や日本などの先進国などに見られる民主主義政治と市場主義経済の組み合わせだと考えるのが、一般的でしょう。その社会の仕組みを単純化して描写してみると、まず重要な基本単位として自由意志を持つ個人の存在があり、その個人をピラミッド型に組織した会社のような団体があり、それを統制する中央集権的な国家があるということになります。

今、さまざまな分野で、このような近代の枠組みが変化しつつあるということが、指摘されています。まず大きなほうで国家から言うと、ここ五〇年くらいの間に多くの国際機関が設立され、いろいろなことが国際協調によって決められるようになるとともに、国家をまたがる多国籍企業や非政府組織（ＮＧＯ）などの民間分野の活動が活発になり、国家が中央集権的にすべてを統制することは年々難しくなってきています。

国家の上や下にあるいろいろな組織が、分野ごとにそれぞれの力を持ち、多様なネットワークのなかで物事が決まっていく複雑な社会構成の時代になってきたと言えます。

経済の分野では、社会主義経済の失敗が明らかとなり、世界全体が自由な市場主義経済の枠組みに乗って動くなか、世界の富が上へ上へと集中し、二〇一五年以降、世界の上位一％の人々の所有する富が、残り九九％の人々の富の総額を超える状態が継続していると言われています。情報社会の到来によって形式的な機会均等が強まることにより、皮肉なことに、今富を持っているほうがその分有利になり、さらに富を蓄積するという現象が起きているのです。

このように社会の歪が蓄積するなかで、今のルールは何らかの形で変わっていかざるをえないと、未来に関するさまざまな提言や予測が出てきています。物の生産性が高まって安いコストで質の高いものが作れる社会になったのだから、少ない利潤をお金に換算して分配するのではなく、生産物を直接社会的に共有する仕組みにしていけばよいという協働型社会というアイデアなども、その一つでしょう。

個人という次元でも、変化が起きています。中世においては、仕事の場は家庭や地域社会と完全に重なっており、個人のプライバシーもありませんでした。近代になって、仕事の場は工場やオフィスに移り、個人が尊重される社会のなかで、一人の人間が、仕事の場、趣味の場、居住の場、家族団らんの場など別々の場に所属することになりました。これによって、個人は自由を謳歌できるようになりましたが、反面孤独な存在となり、うつ、自殺、引きこもりなど、さまざまな社会的病理現象が問題となっているのです。

このようななかで、個人の自由な生活を保ちながら、人と人との絆を強めていく新しい社会のあり方が、現代の課題として取り上げられるようになってきました。

さて、このように社会、経済、個人のあり様が変化しつつある社会のなかでは、当然リーダーのあり方も、変わっていかざるをえません。そのキーワードとなるのが、**「利他」**と**「協働」**という二つの言葉ではないかというのが、私の考えです。

まず「利他」ですが、個人という点を基本としている近代の考え方を、個人と個人の線を基本に組み立てなおすことで、新しい社会が開けてくるというのが基本コンセプトです。

次に「協働」ですが、社会組織がピラミッド型からネットワーク型に移っていくなかで、上命下達で言われたことをやるだけではなく、自主的に横とつながっていくように仕事の仕方が変わる。こうした予測に基づく考え方です。

これらは共に、リーダーのあり方にも大きな影響を及ぼすと思うので、本章ではまず「利他」について、そして次章では「協働」について、考えていきたいと思います。

❖なぜ「利他」なのか？

中世から近代に移行して以降、今までの社会は、個人を重視して発達してきました。社会は、いかに個人の人権を伸長させていくかということで、その発達の度合いが測られてきましたし、経済は、アダム・スミスが『国富論』で説いたように、各個人が自分の利益のために経済活動を行うことで、「見えざる手」によって最適な経済活動が発展していくという考え方の下に発達を続けてきたのです。

まさにこのような個人の尊重、いわば「利己」の考え方の導入によって、この数世紀の近代という時代に、人類は大きく花開き、今の日本で私たちが謳歌しているような、便利で快適な生活が実現されたのです。

その前の中世においては、事態は大いに違いました。誰がどこで何をしているかは、村の皆が知っており、個人のプライバシーなどというものは存在しませんでした。わずかな例外を除いてほとんどの人は、生まれた時には、どのような職業について、どのような人生を送るのかが、ほとんど決まっていたのです。

社会が中世から近代へと移り変わっていくなかで、私たち個人は、自分で自分の将来を決め、プライバシーを守られ、人間としてより有意義な人生を自由に送れるようになったことに、疑いはありません。

しかしその反面、中世の共同体（コミュニティー）に存在していた、人と人の間の強い絆が、次第にか弱いものになってきたことも、多くの人が感じています。現代においては、個人という価値に偏り過ぎた社会に、また人と人との絆を復活させていくことの大切さを説く論も多くなってきました。

そう考えると、今の欧米や日本の社会は、今まで中世から近代への長い移行期を過ごしてきた末に、ついにその移行が完成し、本当の近代を迎えた時期にあるのかもしれません。移行期にあっては、中世的な絆が弱まると同時に、近代の個人が強くなってきたので、その中間の時期には、ある意味で最適なミックスを得ることができたとも言えるでしょう。

ところが今、近代が完成しつつあるなかで、個人重視がその極致に達し、これではいけないと、次の新しい時代に向けた絆再生の動きが始まっているのではないでしょうか。

それでは、その絆再生の方向性とは、どのようなものなのでしょうか。それは、近代の果実として得られた個人の自由を捨てて、中世の共同体社会に戻ることではありえません。一度得た自由を捨てることは、多くの人にとって不幸にしか過ぎないでしょう。そこで今クローズアップされているのが、個人の自由や権利の尊重を前提にした上での「利他」という考え方だと思うのです。

第1部でも少し触れたように、人間というものは、自分の快適を多少犠牲にしてでも、他人のために何かをすることで精神的な幸福を感じるように進化してきた社会的な生き物ではないかと思います。であるとすれば、近代の頂点から次の未来へと向かう今の時代に、「利他」を単に道徳的な善行だけとしてとらえるのではなく、個人の生き方を充実させ、新しい社会を作っていく基本原理の一つとして取り上げていくことができるのではないか。今、そのような考え方が生まれてきているのです。

具体的にはどういうことでしょうか。次章のテーマである「協働」という考え方とも一部重なり合うのですが、お金さえ払えば何でも得られるという経済至上主義に限界が来ており、互いに助け合うということなしには、社会を良い方向に動かしていくことはできないということなのです。

教育にしろ、福祉にしろ、税金や社会保障費をもっと払えば、もっと良いサービスが受けられるという仕組みには、もう限界が来ています。金銭に換算するのではなく、一人一人が「利他」的に何らかの役割を果たすことで、よりよい教育や福祉の提供に貢献すると同時に、自分自身も充実した生活を送れるという参加型社会が求められているのではないでしょうか。

会社などの職場においても、同じことが言えると思います。ノルマ達成などを基準として、その成果次第で給与水準を決めるという能力主義が徹底されればされるほど、本来それで高まるはずの個人のやる気が損なわれるという弊害に蝕まれているのが、現代の職場ではないでしょうか。この袋小路を打開するためには、「利他」という考え方の導入が必要ではないかと思うのです。

職場における「利他」には、二つの次元があります。

一つは、自分がやっている仕事が社会の人々のために**役に立っている**、という実感を得ることです。これが実感できることによって、職場における個人のモチベーションは大きく高まります。そしてもう一つは、職場の同僚が互いに「利他」の心を持って**助け合う**ということです。

これによって、チームとしての仕事の効率が大きく向上する上に、職場の雰囲気も良くなり、一人一人の仕事に対するやり甲斐も増してくるのです。

これを実践して大きな成果を上げているのが、チョークを作る会社である日本理化学工業の社長を長く務められた大山泰弘さんです。大山さんは、一九六〇年に養護学校から二人の知的障害者の就業体験を受け入れたことをきっかけに、障害者雇用に積極的に取り組むようになり、今では社員の約四分の三が知的障害者という会社に育て上げられた方です。

この会社では企業として利益を上げると同時に、健常者も障害者も互いに「利他」の心で助け合って働くことで、健常者も含めた社員全員の幸福を実現しているのです。このように企業が利潤追求と同時に福祉を担って社会を築いていくというモデルを、大山さんは「福祉主義」と呼んで、資本主義に代わるこれからの社会のヒントになるのではないかと世に訴えられています。

❖リーダーはメンバーの「利他」の心を引き出せ

ここまでお話ししてくれば、これからのリーダーにとって「利他」という考え方が、いかに大きなキーワードになるかがわかっていただけると思います。大山さんの会社は一つの例にすぎませんが、リーダーがチームのメンバーに対し、そのチームの仕事が自分たちだけのためではなく、「利他」という観点から大きな意義を持っていることを自覚させることができた時、メンバー一人一人が自分の仕事にやり甲斐と充実感を得つつ、良い仕事ができるようになるのです。

また、チームの中で互いに助け合うという「利他」を実践する雰囲気を生み出すことで、大義としての「利他」は、日常の仕事のなかでの何気ない小さな「利他」と結びつき、チームワークが向上してさらに良い仕事に結びつくという好循環を生み出します。

このように、大きな「利他」と小さな「利他」をともに意識させることによって、チーム全体のパフォーマンスを上げると同時に、メンバー一人一人の充実も達成していく、これこそが現代のリーダーに求められていることなのではないでしょうか。

それでは、自衛隊はどうなのでしょう。自衛隊に限らず、国防に任ずる組織というものは、そのメンバーに対し、国民の命を守るために必要とあらば自らの命をかけて任務を果たすことを要求しています。その意味では、自衛隊はもともと「利他」を前提にした組織だと言うことができます。また、第1部でも触れたように、命をかける組織であるからには、メンバー間の強固な相互信頼が不可欠であり、メンバーが助け合う「利他」の意識も必要としている組織であると言えるでしょう。

したがって、自衛隊の指揮官にとって、隊員にこの「利他」の心を育ませることは、重要な任務の一つです。この意識を高めるため、これまで自衛隊の指揮官は、常に心を砕いてきました。第1部で、私がイラク復興支援群の指揮官になった時、「油断せず、助け合って、真心支援」というスローガンを掲げたことを紹介しましたが、これもその一つです。

第9章でも触れたように、二〇一一年の東日本大震災に際しては、当時の東北方面総監君塚栄治陸将が、「すべては被災者のために」というスローガンを掲げ、自衛隊のすべての行動にこの理念を徹底しました。この意を受け止めた隊員たちは、何日も続く救援活動の最中に、「それでは体が持たないでしょう。これを食べて」と住民の女性が差し出したおにぎりを前に、「いいえ、被災者の方にとって大切な食糧です。いただくわけにはいきません」ときっぱりと答え、毅然として救援を続けたのでした。

自衛隊では、日頃からの訓練でも、国民を守るという究極の一つの目的のために、力を合わせて作戦を成功させるべく、あらゆる努力を尽くします。自分のことだけを考えていたのでは逃げ出したくなるような厳しい訓練を通じて、そのような「利他」の心を育んでいくのです。このような訓練は、自衛隊創設以来、脈々と積み重ねられてきました。

ただ、最近私が強く感じるのは、今厳しい状況下で国際任務や災害派遣にあたる隊員には、それを強いられているという悲壮感がまったくなく、むしろ人の役に立っているという充実感で目が輝いているということです。事実、イラク派遣にしろ、東日本大震災への災害派遣にしろ、当時の指揮官は、派遣メンバーに選ばれなかった隊員からの「私も連れて行ってください」という訴えに、応えるすべがなかったことが一番辛かった、と判で押したように語ります。

東日本大震災では、自衛隊や警察、消防等の隊員ばかりでなく、全国から一般のボランティアの皆さんが続々と集まって、被災者の方々をさまざまな方法で助ける活動をしました。その姿に、被災者ばかりでなく日本中の人々が感動し、勇気づけられました。災害は確かに悲惨なものではありましたが、この「利他」の行いを目のあたりにして、日本の未来に明るさを感じたのは、私だけではないと思います。これは、現代社会の閉塞を打ち破る力となりえる力強い潮流ではないでしょうか。

これからの時代のリーダーは、潜在的に人々の心の中にある「利他」の精神を、どのようにうまく引き出して、チームとしての力に変えていくか、その力量が問われるのではないかと思います。

このように引き出された「利他」の心は、決して一方的な自己犠牲や滅私奉公を強いるものではなく、逆に人と人の絆の大切さを改めて認識させることで、メンバー一人一人を輝かせ、充実させる魔法の力となるのです。

第12章 「協働」の精神を持て！

❖フラット化していく組織

本書も最後の章となりました。最後に取り上げるのは、これからのリーダーが、「利他」と並んで意識すべき要素、「協働」です。現代において、IT技術は加速度的な発達を続け、情報伝達のスピードもどんどん速くなって、リアルタイムでの情報共有が常識という世の中になってきました。これに伴って、どのような分野においても、組織の形態が変容してきています。

自衛隊、特に陸上自衛隊は、数多くの人員を管理し、整然と動かさなくてはならないという性格上、あらゆる組織のなかでも、きちっとピラミッド型を保った、最も保守的な組織構成を維持しています。しかし、そのような組織でも、仕事のやり方には、変化が生じてきているのです。

第10章のOODAループのところでも触れた通り、現代の作戦はますますスピードを増しており、戦闘機のようなビークルはもちろん、大規模な部隊も、最新の情報をリアルタイムで共有して動くようになってきています。

つまり、最高司令部も第一線部隊も、ほぼ同じ情報を共有して、作戦を行うということになります。多数の人を管理するため、ピラミッド型の組織編成は変わっていないとはいえ、実際には指揮命令系統が上下に圧縮され、実質的にフラットな組織になっているのです。

具体的に言うと、第一線部隊で下された判断を、最高司令部もリアルタイムで把握しているので、意に沿わない時には、上からオーバーライドできるということになります。ここには落とし穴があり、だからといって上から細部にわたって口を出し過ぎると、現場が混乱し、作戦はうまくいきません。いわゆるマイクロマネージメントの弊害というものです。

それでは、実質的にフラット化した指揮系統をうまく機能させるためにどうしたらよいのか。現代のリーダーは、この点をよく理解していなくてはならないのです。結論から言えば、OODAループの二つ目のOである「方向付け」に関して、上から下までの各級リーダーが、共通の認識を持っていることが重要です。

「方向付け」さえ共有されていれば、具体的なやり方に関する「決定」や「実行」はできるだけ現場に任せたほうがうまくいきます。第9章の「自主裁量の余地」のところで述べた通りです。

例えば、第2部で例として挙げた南海トラフ大地震に直面したM連隊長のことを思い出してみましょう。

M連隊長は、最初に行った任務分析のなかで、連隊の地位・役割の一つとして、「全国から集結する増援部隊を受け入れる」ということを挙げていました。これは、大規模震災時には、直ちに全国から増援部隊が派遣されるため、被災地の部隊は受け入れ準備を行うという「方向付け」が共有されているので、改めて上からの指示を待つことなく、自主的に判断できるわけです。

災害発生という非常時に、この「方向付け」に齟齬が出ないようにするには、日頃からの上下級司令部間での意思の疎通や、訓練を通じた認識の共有が、とても大事になります。これによって、形としてはピラミッド型の組織が、フラットに認識を共有して、タイムラグなく一斉に動くことができるというわけです。

このように、これからの時代のリーダーは、上級のリーダーと日頃から認識の共有を図るとともに、その内容をチーム内で共有するように平素から努めていくことが必要です。これによって、状況が時々刻々と変化するなかで、組織全体が一体感を持って迅速にそれぞれに対応していくことが可能になるのです。

❖「協働」型リーダーの必要性

理工学系の科学技術に加え、人文社会科学系の社会心理学や金融工学など、すべての面にわたって科学的な発展の成果の上に成り立っている現代の組織で仕事をするには、それぞれの分野の専門家が、緊密にコラボレーションするという「協働」が欠かせません。これは営利企業でも、非営利組織でも、そして自衛隊でも同じです。

これからのリーダーとして、協働型の組織に対応していくためには、**チームの内部での「協働」**と、**チームの外との「協働」**の両方に、適切に対応していかなくてはなりません。まずは、チームの内部から見てみましょう。

今の世の中にあるすべての組織がそうであるように、自衛隊も科学技術の発達により、高度な装備が次々と導入され、一人一人が何らかのスペシャリストとして働くようになってきています。そして、その一人一人がデジタル通信機器でつながり、皆がリアルタイムで情報を共有しつつ、一つの目的に向かって活動するという形ができてきているのです。

こうなると、すべての情報が一度リーダーに集約され、リーダーの判断に基づいて一人一人に具体的な指示が出されて、それぞれがその命令を待って動くという、従来型の方法でチームを動かしていたのでは、科学技術の成果を生かしたスピーディーな活動ができません。リーダーがチームを率いるやり方にも、新しい手法が必要となってくるのです。全員で「方向付け」

を共有し、各自が役割分担に応じて同時並行的に作業を進め、結節でそれを総合して、チームとしてまとめ上げるという手法です。

この際に鍵となるのは、今後の時代においては、一人一人がスペシャリストであるということです。リーダーとしては、一人一人の性格等を考えて、どのような専門性を付与するのかを割り振り、一度スペシャリストとして育ったならば、それを尊重してチーム内で活用していくことが重要となります。

今や小規模な組織においても、そのなかで、ネットワークセキュリティー担当や、ホームページ制作担当のスペシャリストが必要とされることが多くなっていることを、身を持って経験されている方も多いでしょう。もともとの仕事で必要とされていた専門性以外に、科学技術の発達により、より多くのスペシャリストの「協働」が重要となっているのが、現代の特徴なのです。

チーム内にカウンセラー技法を持ったメンバーを育成して、チームのメンタルヘルスケアにあたらせたり、統計学的な処理ができるメンバーを加えることで、チームの成果を客観的に分析して弱点を明らかにしたりするなど、専門性を要する分野はますます増えてきています。

リーダーとしては、一人一人の専門性を育て尊重することで、個人の独創性を十分に引き出す。それとともに、チームとしてそれらが組み合わさった時のシナジー効果を最大限に享受できるよう、コラボレーションの成果が発揮されやすい人の配置や役割分担に、気を配っていくことが必要とされているのです。

従来型のリーダーは、メンバーの一人一人を管理し、会社であれば各人の働きに応じて給与等の処遇を公正に与えることで、組織としてのモチベーションを維持していくのが仕事でした。しかし、これからのリーダーは、メンバー一人一人が独創性を発揮して自己を実現していけるよう、適切な役割を与えてその能力を引き出し、それを総合してチームの力としていけるような「協働」型のリーダーシップが求められていると言えるでしょう。

❖組織間の「協働」

「協働」の二つ目は、チームの外との組織間の「協働」です。自己完結型の能力を持ち、何でも単独でできるとされる自衛隊においてすら、民主主義と市場経済が大前提の現代においては、何をするにしても他の組織との「協働」が不可欠となっています。

例えば東日本大震災への対応においては、地元の市町村や警察消防と連携して救助活動するのはもちろん、通信会社と連携して応急通信機器を設置し、石油会社と連携して被災地にガソリンを供給するなどの活動を自衛隊が行いました。また、この時の教訓をもとに、大規模災害時に、電気会社と連携して発電機を空輸することで電気供給を早期に回復したり、大手スーパーと連携して物流を確保したりといった取り組みも進められています。

海外においても、例えば私が従事したイラク人道復興支援活動においては、テロ対策について現地イラク警察と緊密に連携するとともに、復興支援事業の優先順位付けにあたって、地元の県や市の評議会に出かけて行って協議するなど、地元の各種組織と一緒になって活動していました。

自衛隊と言うと、何でも上からの命令によって指示されたことだけを、地元と関係なく実行しているかのような誤解を受けることがありますが、実際には、第一線部隊が臨機応変に地元の各種組織と連携を取らなくては、本当に住民のためになる活動はできないのです。

そのような組織のリーダーとして、現代の自衛隊の指揮官には、部外の各種組織と連携する力が求められています。自治体や営利会社、あるいはボランティア団体など、それぞれの組織には独自の文化があります。そこに自衛隊の文化を押しつけて調整しようとしても、うまくいくはずがありません。リーダーとして、相手の組織の文化を理解し、その上で協力していく方法というものを、自衛隊の指揮官たちは日々の活動を通じて学んでいるのです。

現代においては、インターネットを通じて、組織間の情報共有もリアルタイムで行うことができます。この環境のなかでは、営利活動を行うにせよ、ボランティア活動を実施するにせよ、多数の関係組織と情報を共有し、協力し合って「協働」していくことが常態となっています。

従来は、部外の組織とは一歩一歩関係を築いて、徐々に連携を強めていくというのが普通でした。しかし、これからはネット空間で結ばれた関係組織と、即座にネットワーク型の協力関係を築き上げ、それぞれの組織の長所を生かして相互補完的に仕事をしていく、水平・分散型ネットワークによる「協働」の時代だと言われています。

国際的な大規模災害が発生した時の、各国からの救援においても、今やこのような考え方が取り入れられています。世界にネットワークを持つ米軍は、大規模自然災害が発生するや、直ちに公開の救援ウェブサイトを立ち上げ、そこに各国政府機関や国際機関、各種NPO、ボランティア団体などがアクセスすることで、すぐに情報を共有し、活動を調整できるように準備しています。

今やビジネスの世界においても、このようなネットを介した水平・分散型の「協働」による生産、販売は普通に見られるようになっており、今後IoT（モノのインターネット）化が進み、エネルギー供給や物流についてもネットでリアルタイムに手配できるようになることで、この傾向は加速度的に進むことでしょう。

これからは、営利企業にせよ、非営利団体にせよ、このような世界の中で生きていくことになるわけであり、それらを率いるリーダーも、これに対応した能力を身につけていかなくてはなりません。それは、どのような能力なのでしょうか。

一口で言えば、自分の組織、チームを外から客観的に見ることができる能力です。これには二つの意味があります。一つは自分のチームを客観的に評価することで、その長所短所、すなわち有利な点と足りない点をきちんと認識し、有利な点を発揮しつつ、足りない点を補うような協力関係を築いていく能力という意味です。そして、もう一つは、自分の組織内の論理や文化だけで考えるのではなく、他の組織にはまた別の論理や文化があるということを、客観的に理解した上で、協力関係を築いていく能力という意味なのです。

このように、自分のチームを外から客観的に見ることができないリーダーは、自分の願望だけで相手の組織に一方的な要求をしたり、自分のチーム内だけでしか通用しない論理を相手に強要したりということになり、有効な協力関係を築くことができません。たとえ一つの相手に対してもそうでしょうから、まして複数の相手とネットワーク的な協力関係を構築することなど、不可能でしょう。

「協働」の時代のリーダーには、このように、それにふさわしいリーダーとしての力が求められるのです。

❖「協働」に必要な「共感する力」

それでは、ここまで述べてきたような、組織のフラット化、組織内外での「協働」の常態化という、現代組織の特性を踏まえた時、第1部で述べたようなリーダーの人間力に、何か変化はあるのでしょうか。

結論から言えば、第1部で述べた人間力のそれぞれが、ますます必要とされるとともに、さらにそれらに加えて、もう一つ新たな人間力が重要になってくるというのが、私の考えです。

まず、フラット化した組織の中で皆が「方向性」を共有し、それぞれの専門性を尊重しつつ、文化が違う外部の組織とも協力し合っていくために、一番大事なものは、信頼関係です。第1章で述べたように、「即、実行！」によって、組織内外のそれぞれで信頼関係を築いていくことは、リーダーにとって基本であることに変わりはないどころか、ますます重要になっていくでしょう。部内においても、部外においても、短期間で協力関係を築くには、その根底に信頼関係があることが大前提だからです。

また、特にチーム内において、それぞれの専門性を生かした「協働」関係を打ち立てて行くためには、一人一人に適切な役割を与えて「やり甲斐」を付与すること（第2章）、一人一人の言うことをよく聞くこと（第3章）、常にチーム内にポジティブな気風を養っていくこと（第4章）、自ら愛嬌を発揮してメンバーを惹きつけていくこと（第5章）は、いずれもリーダーとして欠くことができない人間力だと言えるでしょう。

これらに加えて、「協働」の時代に、部外の組織との関係を打ち立てていく上で、重要なもう一つの人間力は、**「共感する力」**です。これは、チーム内においては、メンバーの言うことを「よく聞き」、それに「ポジティブに反応する」ということとほぼ同じだと言えるかもしれません。

しかし、部外の組織との関係を築いていくという意味で、あえてもう一つ「共感する力」というものを加えたいと思うのです。

人間は、その進化の過程で、自分の感情だけではなく、他人の感情を推し量るという力を身につけてきたと言われています。類人猿の中で最も人間に近いチンパンジーでさえも、相棒の求めに応じてこれを助けるかのような行為をすることはあっても、相棒の感情を推し量って先回りして何かをしてあげるということはないといいます。この人間に特有の「共感する力」が、ピラミッド型の組織化が進んだ近代社会の中で、ややもすると薄れてしまったのではないかとの指摘もあるのです。

前章でも触れたように、アダム・スミスは、『国富論』の中で、各々が自己の利益だけを追求して経済活動を行えば、「神の見えざる手」により、社会全体として最適な資源配分がなされ発展していくという、市場経済の原理を唱えました。

しかしスミスは、その前に書いた『道徳感情論』の中で、人間は他人に対して「共感」を感じざるを得ない生き物であり、これが自制を生み、社会に秩序をもたらすと論じているのです。

すなわちスミスは、人間の他人への「共感」は必ず存在するものだという前提の下で、利己的な自由な活動を奨励したわけです。

近代の大量生産に適したピラミッド型組織が時代遅れとなりつつある今日、私たちは、もう一度この大前提に立ち返って、「共感する力」を磨き、「協働」型の社会を発展させていく必要があるのではないでしょうか。

自分の組織で常識とされていることと、他の組織で常識とされていることが違うということを理解し、他の組織の立場に立って物事を考えることができるというのは、「協働」のために、非常に重要なことです。リーダーが、このような「共感する力」を持っていることによって初めて、組織間で長所短所を補い合う「協働」が可能になるのです。

これは、会社内の隣の部署のような身近な関係でも、国家と国家のような大きな関係でも同じことです。相手の組織の論理に対して、「共感する力」を持って、それを理解した上で、協力関係を築き上げていく力、これこそがこれからのリーダーにさらに求められる、新しい人間力なのです。

参考文献

ブルース・シュナイアー（山形浩生訳）『信頼と裏切りの社会』ＮＴＴ出版（二〇一三）
Ｐ・シーブライト（山形浩生他訳）『殺人ザルはいかにして経済に目覚めたか』みすず書房（二〇一四）
ヨハイ・ベンクラー（山形浩生訳）『協力がつくる社会』ＮＴＴ出版（二〇一三）
小田亮『利他学』新潮選書（二〇一一）
マーシャル・ゴールドスミス（斎藤聖美訳）『コーチングの神様が教える「できる人」の法則』日本経済新聞出版社（二〇〇七）
マーティン・セリグマン（宇野カオリ訳）『ポジティブ心理学の挑戦』ディスカヴァー・トゥエンティワン（二〇一四）
カレン・ライビッチ、アンドリュー・シャテー（宇野カオリ訳）『レジリエンスの教科書』草思社（二〇一五）
火箱芳文『即動必遂』マネジメント社（二〇一五）
中村好寿『最新・米軍式意思決定の技術』東洋経済新報社（二〇〇六）
田中明彦『新しい中世』日本経済新聞社（一九九六）
ジェレミー・リフキン（柴田裕之訳）『限界費用ゼロ社会』ＮＨＫ出版（二〇一五）
大山泰弘『利他のすすめ』ＷＡＶＥ出版（二〇一一）
トーマス・フリードマン（伏見威蕃訳）『フラット化する世界』日本経済新聞出版社（二〇〇六）
リンダ・グラットン（池村千秋訳）『ワーク・シフト』プレジデント社（二〇一二）
アダム・スミス（水田洋訳）『道徳感情論（上・下）』岩波文庫（二〇〇三）

◉著者プロフィール

松村五郎（まつむら・ごろう）

1959年生まれ。埼玉県出身。東京大学工学部原子力工学科卒業。戦略論修士（United States Army War College・アメリカ陸軍戦略大学）。

1981年陸上自衛隊入隊。第73戦車連隊中隊長（恵庭）、第21普通科連隊長（秋田）、第3次イラク復興支援群長、陸上自衛隊幹部候補生学校長（久留米）、陸上幕僚監部人事部長などを歴任。陸将に昇任、第10師団長（名古屋）、統合幕僚副長、東北方面総監（仙台）を経て、2016年退官。

陸上自衛隊のイラク派遣に関しては、陸幕運用1班長として関連法制整備・実施計画の策定、3次群長として現地の指揮、統幕運用2課長として本隊撤収の企画調整に従事するなど、一貫してかかわってきた。

自衛隊　最前線の現場に学ぶ最強のリーダーシップ

普通の若者を劇的に成長させる組織術

2017年9月1日　第1版第1刷発行

著　者　松村五郎

発行者　玉越直人

発行所　WAVE出版

〒102-0074 東京都千代田区九段南3-9-12

TEL 03-3261-3713　FAX 03-3261-3823

振替 00100-7-366376

E-mail : info@wave-publishers.co.jp

http://www.wave-publishers.co.jp/

印刷・製本　中央精版印刷

ISBN978-4-86621-073-5

NDC916 191p 19cm